THÈSE

POUR

LE DOCTORAT

FACULTÉ DE DROIT DE L'UNIVERSITÉ DE PARIS

DE LA

NÉCESSITÉ D'UN ACTE NOTARIÉ

POUR CONSTITUER UNE HYPOTHÈQUE

THÈSE POUR LE DOCTORAT

L'ACTE PUBLIC SUR LES MATIÈRES CI-APRÈS

Sera présenté et soutenu le Jeudi 25 Janvier 1900.

PAR

MAURICE BORDEAUX

Avocat à la Cour d'appel de Paris

Président :   M. BOISTEL, *professeur.*
Suffragants   MM. MICHEL, *professeur.*
               MASSIGLI, *professeur.*

PARIS

LIBRAIRIE MARESCQ AÎNÉ

A. CHEVALIER-MARESCQ & Cie, ÉDITEURS

20, RUE SOUFFLOT, 20

1900

CHAPITRE PRÉLIMINAIRE

HISTORIQUE

La nécessité d'un acte notarié pour constituer
une hypothèque est, de nos jours, nettement établie
par l'article 2127 du Code civil ainsi conçu : « L'hypothèque conventionnelle ne peut être consentie que
par un acte passé en forme authentique devant deux
notaires ou devant un notaire et deux témoins ». Et
cet acte est exigé non pas seulement *ad probationem*,
mais *ad solemnitatem*, ainsi qu'il résulte de la définition même qui est donnée de l'hypothèque conventionnelle par l'article 2117 : « L'hypothèque conventionnelle est celle qui dépend des conventions
et de la *forme extérieure* des actes et des contrats ».

D'où viennent historiquement ces dispositions ?
En avons-nous emprunté l'idée, comme pour tant
d'autres, à la législation romaine ? sont-elles, au

contraire, un legs de notre vieux droit national ? ne constituent-elles pas plutôt une innovation du législateur moderne ? Telle est la première question qu'il y a lieu d'examiner.

Section I. — Droit romain.

C'est une observation, déjà relevée par nos anciens auteurs (1), que la législation romaine offre, en notre matière, une dérogation considérable aux règles fondamentales par elle admises quant à la naissance et à la transmission des droits en général : cette législation, qui, d'ordinaire, était si formaliste à cet égard, n'exigeait en effet, pour la constitution de l'hypothèque conventionnelle, l'accomplissement d'aucune solennité.

Partout ailleurs, ou à peu près, elle refusait tout effet juridique au simple pacte ; elle le déclarait impuissant à engendrer une action quelconque, du moins en principe (2) ; même au Bas-Empire, elle lui déniait le pouvoir d'opérer un transfert de propriété, ce transfert ne pouvait résulter que de la tradition (3).

Ici, au contraire, le *nudus pactus*, le simple accord

1. Voir notamment Pothier, *Traité de l'hypothèque*, ch. 1, sect. 1, art. 1, § 1, et introduction au titre **XX** de la Coutume d'Orléans ch. 1, sect. 1.

2. « *Ex nudo pacto inter cives romanos actio non nascitur* ». Paul, *Sentences*, liv. 2. tit. 14, § 1. — V. aussi Ulpien, D. 2, 14, *de pactis*, 7, 4.

3. C'est ce que dit notamment une constitution de Dioclétien et Maximien de l'année 293 : « *Traditionibus et usucapionibus dominia rerum. non nudis pactis, transferuntur* ». C. 2, 3, *de pactis*, 20.

de volontés, est pleinement efficace (1). La raison
en est, sans doute, que nous sommes en présence
d'une institution non de vieux droit civil mais de
pur droit prétorien (2). C'est le préteur, en effet, qui,
le premier, a reconnu et sanctionné le droit réel
d'hypothèque, en créant l'interdit salvien et les actions servienne et quasi-servienne (3). Or, il n'est
pas besoin de rappeler combien, d'une façon générale (4), le droit prétorien s'est efforcé de donner satisfaction à la volonté clairement exprimée des intéressés, indépendamment de toute cérémonie
extérieure (5).

Peu importait donc, à Rome, la forme dans laquelle les parties avaient manifesté leur consente-

1. D. 2, 14. *de pactis*, 17, 2 ; D. 20, 1, *de pign. et hyp.*, 4 ;
D. 22, 4, *de fid. instr.* 4.

2. Gillard, *La constitution de l'hypothèque conventionnelle.*
n. 12.

3. Gaius. *Comm.* 4, 147 ; Justinien, *Inst.* 4, 6, *De act.* 7.

4. Cpr. Accarias, *Précis de droit romain.* t. 1, n. 20.

5. L'absence complète de formes en ce qui concerne la constitution de l'hypothèque romaine s'explique plus facilement
encore, si l'on admet, avec un certain nombre d'auteurs (V. en
particulier Dernburg, Plandrecht, t. 1, pp. 67-76 ; Accarias,
t. 1, n. 284 ; Beaune, *Droit coutumier français. les contrats.*
p. 650) que cette hypothèque a été empruntée à la Grèce ; aucune condition de forme ne paraît, en effet, avoir été requise
en Grèce pour la validité de la convention d'hypothèque. Cpr.
sur ce dernier point Gillard n. 6 ; Caillemer, *Le Crédit foncier
à Athènes* ; Beauchet, *Histoire du droit privé de la République
athénienne.* t. 1 p. 196 ; Daremberg et Saglio, *Dictionnaire des
antiquités romaines.* v° *Hypotheca*, p. 356 (article de M. Cuq).

ment à la constitution d'hypothèque ; le seul point
à considérer était de savoir si elles l'avaient véritablement donné (1).

C'est ainsi, nous apprend Scevola, que l'hypothèque pouvait résulter d'une convention tacite (2).

Sans doute, il arrivait le plus souvent que les
contractants constataient leur accord par écrit : mais
c'était simplement, dit Gaius (3), pour en faciliter
la preuve, le défaut d'écrit n'empêchait pas le droit
d'être valablement constitué : « *In re hypotheca nomine obligata ad rem non pertinet quibus sit verbis ;
sicuti est et in his obligationibus quæ consensu contrahuntur, et ideo et sine scriptura si convenit ut
hypotheca sit et probari poterit, res obligata erit,
de qua conveniunt. Fiunt enim de his scripturæ,
ut quod actum est, per eas facilius probari possit ;
et sine his autem valet, quod actum est, si habeat
probationem, sicut et nuptiæ sunt, licet testatio sine
scriptis habita est* ».

A plus forte raison, l'écrit rédigé par les parties
n'était-il soumis à aucune formalité, ce pouvait être,
par exemple, une simple lettre missive (4).

Ce système n'était pas sans présenter de graves

1. D. 2, 14. *de pactis.* 17. 2 ; D. 20, 1. *de pign. et hyp.* 4 ;
D. 22, 4. *de fid. instr.* 4.

2. D. 20, 1, *de pign et hyp.* 54. pr.

3. D. 22, 4. *de fid instr.* 4.

4. D. 20. 1, *de pign. et hyp.* 26. pr.

inconvénients. Il y en avait un surtout qui devait fatalement se produire sous l'empire d'une législation qui, comme celle de cette époque, réglait la préférence entre créanciers hypothécaires exclusivement d'après la date même de leurs hypothèques, de quelque façon d'ailleurs que cette date fût établie, fût-ce au moyen d'un simple titre privé (1). N'était-il pas à craindre que, pour se procurer du crédit, le débiteur n'attribuât, à l'aide d'une antidate, le bénéfice de la priorité à un créancier de date plus récente, au grand détriment des créanciers de date plus ancienne ? Cette fraude devint, en effet, si fréquente que les empereurs durent intervenir pour la prévenir ; ce fut l'œuvre, en particulier, d'une constitution de l'empereur Léon de l'année 469 (2).

Des auteurs modernes (3), et spécialement, les rédacteurs du répertoire de législation, de doctrine et de jurisprudence de MM. Dalloz (4) ont même assigné à cette constitution une portée beaucoup plus large ;

1. « *Prior tempore, potior jure* », C. 8, 18, *qui potior*. 2 et 4.

2. C. 8, 18, *qui potior*. 11. Déjà un sénatus-consulte rendu sous Néron (*Suéton.*, *Néro*. C. XVII) et auquel Paul fait allusion dans ses *Sent. V*, 25 § 6, avait décidé que les actes écrits n'auraient quelque valeur qu'autant qu'ils auraient été rédigés en présence de témoins, datés, signés, clos et scellés. Mais l'existence même de la constitution de Léon prouve que ce sénatus-consulte avait fini par tomber en désuétude. Jourdan, *l'hypothèque* p. 624 note 12.

3. Grenier, *Traité des hypothèques*. t. 1 p. 7.

4. V° *Priviléges et hypothèques*. n. 1241.

ils ont prétendu que, désormais, l'hypothèque ne pouvait résulter d'une simple convention ; qu'un acte public ou tout au moins un acte sous seing privé contresigné de trois témoins irréprochables (1), était exigé pour sa validité.

Mais c'est là une erreur manifeste ; qu'on se reporte au texte même de la constitution (2), on verra que cette constitution ne concerne que les rapports des créanciers hypothécaires entre eux. L'empereur Léon se préoccupe d'offrir aux créanciers hypothécaires qui le désirent, un moyen de se prémunir contre le danger des antidates dont nous parlions tout à l'heure ; ce moyen, c'est de se faire consentir leur hypothèque par acte public (3) ou par acte privé signé

1. « *Probatæ atque integræ opinionis trium vel amplius virorum subscriptiones* ».

2. Voici ce texte : « *Scripturas quæ sæpe assolent a quibusdam secrete fieri, intervenientibus amicis necne, transigendi vel paciscendi seu fænerandi, vel societatis coeundæ gratia, seu de aliis quibuscumque causis, vel contractibus conficiuntur (quæ ἰδιόχειρα græce appellantur), sive tota series earum manu contrahentium, vel notarii, vel alterius cujuslibet scripta fuerit, ipsorum tamen habeant subscriptiones, sive testibus adhibitis sive non, licet conditionales sint (quos vulgo tabularios appellant), sive non, quasi publice conscriptas, si personalis actio exerceatur, suum robur habere decernimus. Sin autem jus pignoris vel hypothecæ ex hujusmodi instrumentis vindicare quis sibi contenderit, eam qui instrumentis publice confectis nititur, præponi decernimus etiam si posterior is contineatur, nisi forte probatæ atque integræ opinionis trium vel amplius virorum subscriptiones eisdem idiochiris contineantur, tunc enim quasi publice confecta accipiuntur* ».

3. Que faut-il entendre par « acte public » ? V. notamment

d'au moins trois témoins d'une probité reconnue ; s'ils prennent cette précaution, ils passeront avant tous ceux qui ne peuvent invoquer qu'un titre privé ordinaire (idiochirum), ce titre portât-il une date antérieure (1).

Là se borne la constitution. Par suite et tout d'abord, elle ne modifie en rien, *inter partes*, les règles jusqu'alors admises : certainement donc, dit avec raison M. Troplong (2), l'hypothèque continue à valoir entre le créancier et le débiteur quand même elle serait consentie sans solennité.

Les rédacteurs du répertoire de MM. Dalloz, ne contestent pas, d'ailleurs, ce dernier point ; ils prétendent seulement que c'est là une constatation sans intérêt : « Quelle valeur disent-ils, a l'hypothèque du débiteur au créancier ? Aucune puisque les biens mobiliers ou immobiliers du débiteur sont, de droit, affectés à l'acquittement de ses engagements personnels. Puis donc que l'hypothèque n'a d'utilité véritable que par la préférence qu'elle assure à un créancier sur un autre, nous avons bien pu dire, sans en-

à cet égard Jourdan p. 625 note 12 ; Girard, *Manuel élémentaire de droit romain*, p. 550, n. 1 et 918 n. 2.

1. Cpr. Accarias, t. 1 n. 287. Girard. p. 751 note 6 et p. 757. Gillard, n. 11. Daremberg et Saglio. *Dictionnaire des antiquités romaines* V° *hypotheca*, p. 561 (article de M. Cuq).

2. *Commentaire du titre des hypothèques*, t. 2 n° 565. Cpr. Beaune. *op. cit.*, p. 551 ; Jourdan, p. 625.

courir le reproche que nous fait M. Troplong, dans une formule abrégée, qu'à Rome, sous les empereurs, l'hypothèque n'était valable que constituée par acte public ou par acte sous seing privé, avec la signature de trois témoins (1) ».

Peut-être, en effet, est-il sans grande utilité pratique de dire qu'après la constitution de l'empereur Léon, la simple convention d'hypothèque reste valable entre les contractants eux-mêmes. Encore convient-il d'observer, à ce dernier point de vue, que le débiteur a fréquemment intérêt à faire prononcer la nullité de la sûreté spéciale par lui fournie à l'un de ses créanciers, par exemple à l'effet d'améliorer son crédit en diminuant ainsi les charges réelles qui grèvent son patrimoine.

En tous cas, il arrive souvent que, même à l'égard des tiers, le pacte d'hypothèque sortira tout son effet malgré la constitution précitée : ainsi en sera-t-il par exemple par rapport à tous les créanciers chirographaires ; ainsi en sera-t-il encore, même parmi les créanciers hypothécaires, dans les relations entre ceux qui n'auront point rempli les formalités prévues par ladite constitution.

En résumé donc, la constitution de Léon n'a pas eu pour résultat de faire de la convention d'hypothèque un contrat solennel dans l'acception où ce mot

1. V° *Privilèges et hypothèques* n. 191.

est pris aujourd'hui (1) ; elle a seulement enlevé toute force probante, quant à la date, au simple acte sous seing privé, du moins lorsque cet acte se trouve en concurrence avec un acte public ou même avec un autre acte sous seing privé si ce dernier est revêtu de la signature de trois personnes honorables (2).

La législation romaine est ainsi demeurée, jusqu'au bout, fidèle au principe que l'hypothèque conventionnelle peut se constituer *solo consensu*, et ce n'est point, par suite, dans cette législation que doit être cherchée la première origine des dispositions de nos articles 2.117 et 2.127 C. civ.

1. Jourdan p. 626 ; Challamel, *l'hypothèque judiciaire*, p. 44, note 1.

2. Cette dernière restriction nous paraît ressortir des termes mêmes de la constitution : mais il s'est élevé, sur ce point une controverse des plus vives qui ne rentre point, d'ailleurs, dans notre sujet et qu'on trouvera exposée dans Jourdan p. 626 et suiv.

Section II. — Ancien droit.

L'ancien droit français, dans son dernier état, présentait un contraste frappant avec la législation romaine telle qu'elle vient d'être exposée ; c'est ce que nous dit Pothier avec sa netteté habituelle ; « Par le droit romain, l'hypothèque pouvait s'acquérir par une simple convention. Ce droit n'avait été établi chez les Romains que par l'édit du préteur contre les principes du droit, suivant lesquels l'hypothèque étant *jus in re* ne pouvait non plus que le domaine et les autres droits réels, s'acquérir par la seule convention, mais seulement par la tradition. Nous n'avons suivi ni le droit du préteur, ni les principes rigoureux du droit civil. Selon notre droit, la simple convention ne peut produire l'hypothèque ; nous n'exigeons pas néanmoins la tradition » (1).

Que fallait-il donc à cette époque pour la validité de l'hypothèque conventionnelle ? Pothier nous l'apprend immédiatement : c'est qu'elle fût constituée par acte notarié. Un acte sous seing privé était absolument insuffisant « quand même la date de l'acte avait été constatée soit par le contrôle, soit par le décès d'une des parties qui l'avait souscrit » (2).

1. *Traité de l'hypothèque*, ch. I sect. 1, art. 1. § 1. ; V. aussi Introduction au titre XX de *la Coutume d'Orléans*, ch. I, sect. 1.
2. L'acte sous seing privé, reconnu ou vérifié en justice,

Voilà bien, cette fois, la règle consacrée par notre article 2127.

Que cette règle fût vraie, disons-nous, à la fin du xviii° siècle, aucun doute ne saurait s'élever à cet égard ; c'est un point sur lequel tous les auteurs sont d'accord (1).

Les plus grandes difficultés se sont élevées, au contraire, sur la question de savoir quand et comment elle est apparue. Cinq systèmes au moins sont en présence.

Un premier système la fait dériver de l'Ordonnance de Villers-Cotterets d'août 1539 sur le fait de la justice : « Depuis l'ordonnance de François Iᵉʳ de l'an 1539, est-il dit dans la collection de Denisart (2), les écritures privées eurent moins de force qu'elles n'avaient eu jusqu'alors ; la preuve de l'hypothèque acquise par écriture privée..... fut alors abrogée. On n'a plus reconnu d'hypothèque conventionnelle que

emportait toutefois hypothèque du jour de la reconnaissance ou de la vérification d'écritures. Sur l'origine de cette règle, consultez spécialement Esmein, *Études sur les contrats dans le très ancien droit français*, p. 217-218 : Viollet, *Histoire du droit civil français* p. 715 : Beaune, *Droit coutumier français, Les contrats*, p. 557. Challamel, *l'hypothèque judiciaire*, p. 55..

1. V. pourtant le passage ci-après rapporté de l'*Encyclopédie méthodique*, jurisprudence, t. 5, p. 100, Vᵒ hypothèque.

2. Collection de décisions nouvelles, 6ᵉ édition. 1768. Vᵒ hypothèques, nᵒˢ 14, 15, 16, 17, 18. 26. 27. — V. aussi Basnage, *Traité des hypothèques*, p. 110 : Cpr, Beaune, *Les contrats*, p. 552.

quand elle résultait d'un acte authentique, et l'on a été obligé d'avoir recours aux notaires pour assurer entièrement les dates des actes et l'hypothèque qui pouvait en résulter ».

Quant à la raison pour laquelle l'ordonnance a ainsi donné un monopole aux notaires, c'est peut-être, observe M. Beaune (1), parce qu'on a entendu tirer profit des offices de tabellion qui dépendaient du domaine royal. Ce qui rend cette opinion vraisemblable, c'est que par l'article 5 ch. XIX de l'Ordonnance de 1535, François Iᵉʳ avait quelques années auparavant déclaré nuls tous les contrats relatifs aux droits réels qui ne seraient pas dressés par des notaires royaux à l'exclusion des notaires seigneuriaux. Il n'atteignit pas sans doute son but, car l'ordonnance ne fut pas, en cette partie du moins, exécutée, et le droit de tabellionnage fut même expressément confirmé aux seigneurs en 1542 ; mais la tentative avortée jette un certain jour sur la règle formulée à l'égard des hypothèques dans le même moment.

Ce premier système ne nous parait guère admissible ; les seules dispositions de l'Ordonnance de Villers-Cotterets, sur lesquelles il puisse se fonder,

1. P. 555. — Le même auteur (p. 552) déclare, au reste, d'accord avec Basnage (loc. cit.) que l'ordonnance a également eu pour objet de couper court aux fraudes auxquelles pouvaient donner lieu les actes sous seing privé. V. à cet égard le troisième système ci-après exposé, p. 15.

sont en effet les articles 92 à 93 (1), or, de l'aveu même de M. Beaune (2), ces articles loin d'avoir pour objet de restreindre les effets des actes sous seing privé, se sont proposé, au contraire, de rendre à ces actes une certaine valeur au point de vue hypothécaire en leur faisant produire hypothèque du jour où ils seraient reconnus ou vérifiés en justice (3).

Un second système (4) rattache la prohibition des actes sous seing privé en notre matière aux principes admis par l'ancien droit relativement à la

1. Ces articles sont ainsi conçus : art. 92 — « Toutes parties qui seront ajournées en leurs personnes, en connaissance de cédule, seront tenues icelle reconnaître ou nier en personne ou par procureur spécialement fondé, par devant le juge séculier en la juridiction duquel seront trouvées, sans pouvoir alléguer aucune incompétence, et ce, avant que partir du lieu où les dites parties seront trouvées, autrement les dites cédules seront tenues pour confessées par un seul défaut, et emporteront hypothèque du jour de la sentence, comme si elles avaient été confessées ». — Art. 93 « Si aucun est ajourné en connaissance de cédule, compare ou conteste déniant sa cédule, et si par après est prouvée par le créancier, l'hypothèque courra et aura lieu du jour de ladite négation et contestation ». — C'est également ce que décidait l'article 8 de l'Ordonnance de Roussillon, article dont Basnage (*loc. cit.*), prétendait aussi déduire notre règle.

2. *op. cit.*, p. 557.

3. Cpr. Esmein, p. 217-218 ; Viollet, p. 745 ; Challamel, p. 55.

4. Thézard, *du nantissement, des privilèges et hypothèques et de l'expropriation forcée*, n. 57. Baudry-Lacantinerie et de Loynes, *du nantissement, des privilèges, des hypothèques et de l'expropriation forcée*, t. II, n. 1404.

transmission de la propriété immobilière et à la constitution des droits réels. Il était alors de règle, dit-on, que la propriété ne pouvait se transférer ni les droits réels se constituer au moyen de la simple convention : une tradition soit réelle soit feinte était, en outre, nécessaire. Or, par sa nature même, l'hypothèque n'était point susceptible de tradition réelle, puisque le débiteur conservait la possession de l'immeuble grevé ; d'autre part, les clauses de tradition feinte ne pouvaient être insérées que dans les actes ayant la force exécutoire, en particulier dans les actes notariés (1) ; de là, tout naturellement, cette conséquence que l'hypothèque ne pouvait être constituée que par acte notarié.

Mais ce système ne nous parait pas plus sérieusement soutenable que le précédent, car c'est une pure affirmation, ne reposant sur aucun texte, de dire qu'une clause de tradition feinte était nécessaire pour la constitution de l'hypothèque.

D'après un troisième système, si l'ancienne jurisprudence a exigé que pour emporter hypothèque, les contrats soient reçus par un notaire, c'est « pour éviter les fraudes et suppositions que l'on pourrait faire » (2). C'était l'opinion de Domat : « Par no-

1. Coutume d'Orléans, art. 278 : « Dessaisine et saisine faites présent notaire de cour laye, de la chose aliénée, valent et équivalent à tradition de fait et possession prinse de la chose, sans qu'il soit requis autre appréhension ».

2. L'ancienne jurisprudence se serait donc inspirée, suivant

tre usage, disait cet éminent jurisconsulte, les conventions ne donnent point d'hypothèque (1), quand même elle serait exprimée, si elles ne se passent pas devant notaires. Car, sans cette forme, il serait facile aux débiteurs qui voudraient frauder leurs créanciers de donner aux derniers d'anciennes hypothèques par des antidates » (2). L'auteur de l'article « hypothèque » dans le répertoire de Guyot n'est pas moins explicite : « On sent bien, dit-il, que l'hypothèque donnant un droit dans la chose, qui fait préférer le plus ancien créancier, on ne devrait pas laisser au pouvoir du débiteur d'accorder l'hypothèque sur ses biens par un écrit sous seing privé, de favoriser un second créancier qui n'aurait consenti à prêter son argent qu'en lui donnant par l'antidate la priorité de l'hypothèque : on ne pouvait pas laisser au débiteur les moyens de commettre la fraude, de préjudicier à un tiers et de détruire un droit qui était déjà acquis ».

ce système, de la même pensée que l'empereur Léon dans la constitution de 469. V. p. 6. Sauf dans les coutumes de nantissement, l'ordre de préférence entre créanciers hypothécaires se déterminait en effet exclusivement, comme à Rome, par la date des titres invoqués : « *Prior tempore potior jure* ». Cpr. Besson, *les livres fonciers et la réforme hypothécaire*, p. 61 ; Challamel, p. 55 et suiv.; V. toutefois Masuer (XX, n. 18) suivant lequel les anciens praticiens réglaient l'ordre des créanciers d'après la dignité des sceaux apposés sur les actes d'obligation.

1. *Lois civiles*, livre III, titre I, sect. II, art. 55. Cpr. Basnage, *loc. cit.* Beaune, p. 552 ; Challamel, p. 40.

2. V. aussi Merlin, *Rép.* V° *hypothèque*, sect 1, § 5, n. 11.

Objecte-t-on à ces auteurs que, si la raison donnée par eux est exacte, on ne voit pas pourquoi, du jour où la date de l'acte sous seing privé est devenue certaine soit par le décès du débiteur soit par le contrôle, le créancier n'est pas autorisé à réclamer le bénéfice de l'hypothèque qui lui aurait été concédée par cet acte. A compter de ce jour, en effet, il n'y a plus à redouter la fraude (1).

Les partisans de ce troisième système répondent, d'une part, que « naturellement aucun créancier ne devait compter sur la mort de son débiteur pour assurer sa créance », et, d'autre part, que « l'invention de l'hypothèque a précédé de beaucoup l'établissement du contrôle » (2).

M. Esmein (3) a présenté un quatrième système qu'il résume ainsi dans ses lignes générales : « Il n'y eut point pendant longtemps de forme spéciale pour la constitution d'hypothèque. La nécessité d'un acte authentique s'introduisit progressivement par

1. Il est remarquable qu'en Normandie où était resté en vigueur l'édit du contrôle de 1581, abrogé partout ailleurs dès 1588, « quelques-uns » furent d'avis, au dire de Basnage (*loc. cit.*), de faire produire hypothèque « au contrat contrôlé quoique sous signature privée ».

2. Rép. de Guyot, V° *Hypothèques*, p. 627, et Rép. de Merlin *loc. cit.* — Cpr. Beaune, p. 552.

3. *Etudes sur les contrats dans le très ancien droit français* ; V. aussi Gillard, *De la constitution de l'hypothèque conventionnelle*, p. 26 et s. ; Cpr. Viollet, p. 741.

Bordeaux. 2

des modifications successives de la théorie des preuves ; puis, de ce qui n'était qu'une question de
preuves, la jurisprudence fit enfin un élément substantiel ».

Tout d'abord, en effet, déclare le savant professeur, les textes les plus anciens nous révèlent que
les « obligations » (1) pouvaient être consenties,
soit par lettres scellées (2), soit par simples chirographes (3), soit verbalement en présence de témoins (4).

1. L' « *Obligation* », dont il est question dans ces textes, n'est
pas autre chose, peut-on dire, que la première forme revêtue
par l'hypothèque au moyen âge. C'était l'autorisation donnée
par le débiteur au créancier, dans le contrat même, de saisir
et faire vendre ses biens en cas de non-paiement à l'échéance
Cpr. Esmein, *op. cit.* ; Viollet, p. 756 ; Beaune, p. 555 ; Gillard. n° 18 ; Challamel, p. 51.

2. Beaumanoir, XXXV, 2, 17 à 22 ; Bouteiller, *Somme rurale.*
édit. de 1486, f° 59, col. 1 : Coutumes de la Ville et septène de
Bourges, art 27 ; Bourdot de Richebourg. III, p. 878 : arrêts
des parlements de Paris et de Toulouse rapportés à la suite du
Stylus parlamenti, édition d'Aufrarius, f° 25, 7° ; f° 31, 1° ;
f° 35, 7°.

3. Bouteiller, *Somme rurale.* f° 25 et 106: ancien coutumier
de Picardie, édit. Marnier, p. 25, 90 et 91 ; Coutume de la
Ville et septène de Bourges. *loc. cit.*: Cpr. Challamel, p. 52.

4. Ancienne coutume de Bretagne. art 194, Cpr. *Collection
de décisions nouvelles*, de Denisart, v° hypothèque, n° 14 et
suiv. : « On trouve des preuves de la manière dont l'hypothèque était anciennement contractée parmi nous et on voit dans
plusieurs ouvrages que la priorité ou la postériorité d'hypothèque pouvait être prouvée par témoins et sans qu'il y eut
aucun écrit ».

Ce n'était là, d'ailleurs, que l'application des règles communes à tous les contrats : à cette époque
primitive (xiiiᵉ et xivᵉ siècle), les parties pouvaient,
d'une façon générale, recourir à l'un ou à l'autre de
ces trois procédés pour établir l'existence des conventions intervenues entre elles (1).

Mais, avec le temps, des restrictions considérables furent apportées à cette théorie générale des
preuves. Au xviᵉ siècle, la « lettre scellée » avait
ainsi fini par être assimilée aux actes sous seing
privé (2), et ces actes eux-mêmes avaient perdu
presque toute force probante aux yeux des jurisconsultes (3). Quant à la preuve testimoniale, l'Ordonnance de Moulins, de février 1566, ne la permettait
plus qu'au-dessous de 100 livres (art. 54).

D'où cette conséquence que l'hypothèque conventionnelle ne pouvait plus être établie soit par acte
sous seing privé dans quelque hypothèse que ce
soit (4), soit par témoins au delà de 100 livres (5).

1. Durandi, *speculum juris*, liv. II, part. II, *de instrum.* édit.
nᵒˢ 298 et 552 ; Bouteiller I. 106.

2. 3. Rebuffe. *Comment. in const. seu ord. reg.* t. Iᵉʳ. p. 45,
114, 125, édit. 1599 ; Dumoulin, sur Coutume de Paris, art. 8
gl. 1 nᵒˢ 11 et 12.

4. Sauf la ressource pour le créancier de citer en justice son débiteur pour obtenir hypothèque à compter de la
reconnaissance ou de la vérification d'écritures.

5. C'est en effet ce que décident les articles 176 et 177 de
la nouvelle coutume de Bretagne.

L'obligation de recourir à un acte authentique s'imposait ainsi dans la généralité des cas : il n'y avait plus, en fait, d'hypothèques conventionnelles constituées en dehors d'un acte notarié.

Dès lors, dit M. Esmein, en voyant, sauf de légères exceptions, la constitution d'hypothèque et l'acte authentique marcher inséparables, on regarda l'un comme la condition nécessaire de l'autre : « Ce qui n'avait été qu'une exigence de la théorie des preuves devint un élément substantiel de la convention ».

Reste un cinquième système, défendu surtout par les anciens auteurs : suivant ce système, si l'hypothèque conventionnelle ne pouvait, de leur temps, résulter que d'un acte notarié, c'est qu'une hypothèque, en général, ne peut valablement exister que par l'intervention de la puissance publique. C'est notamment ce que décidait Brodeau : « L'hypothèque, disait-il, ne dépend point seulement du consentement et de la convention des parties, mais se constitue par la seule autorité du roi et le ministère de ses officiers » (1). Tel était aussi l'avis de Prevost de la Jannés et de Pothier lui-même : « Lorsque la convention, déclarait ce dernier, est munie du sceau de l'autorité publique, elle produit

1. Brodeau ajoutait : « Ne plus ne moins que par la seule autorité du préteur qui représentait le prince et non par la convention des partis ». Ce rapprochement avec le droit romain

l'hypothèque, et la force de l'autorité publique supplée en ce cas à la tradition ; suivant ces principes, les actes sous signatures privées n'étant point munis de l'autorité publique ne peuvent parmi nous produire d'hypothèque, quand même elle y serait expressément convenue » (1).

Le notaire apparaît donc, dans cette théorie, comme représentant de la puissance publique qui, seule, peut conférer la force hypothécaire : « l'acte public est la cause génératrice de l'hypothèque indépendamment de la volonté des parties ».

Les anciens auteurs, que nous venons de citer, ne se sont point d'ailleurs préoccupés de rechercher comment une telle conception est arrivée à se faire jour.

Quelques auteurs modernes l'ont essayé à leur place. M. Laurent (2), voulant expliquer de quelle façon la convention d'hypothèque est ainsi devenue un contrat solennel, émet l'opinion que les hypothè-

est tout à fait « inattendu », comme l'observe M. Esmein. Il n'est pas besoin d'insister pour démontrer que le *pignus prætorium*, le seul qui se constituait « par la seule authorité du préteur », n'avait rien de conventionnel et différait complètement de l'hypothèque. V. Jourdan, p. 445-462 ; Girard, p. 755.

1. *Traité de l'hypothèque*, Ch. I. sect. I. art. 1, § 1.

2. Laurent, *Principes du droit civil français*, t. XXX, n. 429.

ques conventionnelles se sont constituées d'abord, sous notre ancienne législation, dans les formes judiciaires : « la constitution d'hypothèque était une espèce de jugement », une « *confessio in jure* » (1). Puis il advint que les magistrats prirent l'habitude de commettre des notaires pour rédiger ces conventions d'hypothèque, comme ils commettaient des greffiers pour rédiger les sentences ; les notaires finirent même par se substituer complètement aux juges à cet égard ; mais, de même que l'intervention ancienne des juges était substantielle, la présence du notaire demeura requise non pas seulement *ad probationem* mais *ad solemnitatem* (2).

M. Viollet est bien près d'accepter cette manière de voir : dans une longue note de son histoire du droit civil français (3), il nous apprend, en effet, qu'avant l'apparition des études de M. Esmein sur les contrats dans le très ancien droit français, il avait édifié une théorie historique de l'hypothèque dont il ne se sent « pas encore complètement détaché ». Cette théorie, c'est qu'à l'origine, l'hypothèque ne pouvait résulter, dans notre ancien droit, que d'une *confessio in jure*. Il en trouve la preuve notamment dans ce fait que, dans un grand nombre

1. Gillard, n. 63.
2. Cpr. Merlin, *Rép.*, V°. hyp., sect. 1. § 5. n. 11.
3. p. 745, note 1.

d'actes du xiiie siècle où une « obligation » est constituée, il y a *confessio in jure*. Il est incontesté, d'autre part, ajoute-t-il, que la *confessio in jure* et le sceau produisaient des effets analogues, et, avant tout, l'exécution parée ; or, plusieurs textes nous démontrent qu'autrefois on rattachait l'hypothèque à l'exécution parée (1). Une autre observation peut encore être faite en ce sens, c'est que, de bonne heure, le sceau fut indispensable à l'existence de l'acte authentique (2).

C'est à ce cinquième et dernier système que nous n'hésitons pas à nous rallier.

Nous n'ignorons pas, sans doute, le grave reproche

1. M. Viollet cite spécialement ce texte : « *Item*. Le prevost de Paris, à cause de sa juridiction ordinaire, est en saisine d'avoir la cognoissance par vertu de son scelle de toutes les personnes et biens estans au roiaume de France, separement ou conjoinctement tant de la personne lyée que de l'hypothèque ou des deux ensemble. Et peut icelui prevost faire adjourner par tout le roiaume personnellement comme ypothequairement. Et y est l'un tenu de y respondre devant lui ; et ainsi en use l'un. Se le debteur est mort, le créancier ne peut ensuivre les héritiers par voie de execucion, selon raison et par le stille du Chastellet, mais par action personnelle ou ypothecaire ou par les deux. Et l'héritier ne sera point tenu de garnir la main du deu et le principal debteur le seroit, s'il vivoit. La raison : car icelui principal doit estre plus certain de son fait que son heritier qui n'i estoit pas » (Style du Châtelet, dans ms. fr. 18419, fol. XVIII 2°).

2. Beaudouin, *Lettres inédites de Philippe le Bel*, p. 119, n. 126 et p. 155, n. 140 ; *Masuer*, *Practica*, tit. XVIII, de *literis*, notes et *notules* 86.

que déjà lui adressaient les jurisconsultes du xviii
siècle : il confond, disaient-ils, deux choses absolument distinctes : 1° la convention, 2° le pouvoir de
la faire exécuter. Il est bien vrai que le pouvoir de
faire exécuter n'appartient qu'à la puissance publique ; mais il en est tout différemment de la convention, laquelle dépend exclusivement de la volonté
et du consentement des parties (1).

Mais cette observation qui peut être exacte sous
l'empire de certaines législations (2), l'est-elle en ce
qui concerne notre ancien droit? Nous ne le croyons
pas, par la raison précisément que cet ancien droit
« a toujours considéré l'hypothèque comme une *exécution* » (3).

C'était bien ce caractère qu'avait à coup sûr l'*obligation* primitive, d'où tous les auteurs sont d'accord
pour faire sortir l'hypothèque coutumière : cette
« obligation », avons-nous dit, consistait, en effet,
dans l'autorisation donnée par le débiteur au créancier de « *saisir et faire vendre* ses biens s'il n'était
pas payé à l'échéance » (4).

---

1. Denisart, *Collection de décisions nouvelles*, v° hypothèques.
n. 14 et suiv. — V. aussi Répertoire de Guyot, v° hypothèques, p. 627, et Rép. de Merlin, *loc. cit.*

2. En particulier sous notre législation actuelle, v. sur ce
point *infra*.

3. Sur ce point, nous partageons absolument les idées de
M. Challamel, *loc. cit.*, p. 27.

4. Anc. coutume de Picardie, édit. Marnier, p. 90. 94. Cou-

C'est encore ce caractère qu'offre l'hypothèque au xviiie siècle, car Pothier la définit (1), « le droit qu'a un créancier, dans la chose d'autrui, de la faire *vendre en justice*, pour, sur le prix, être payé de ce qui lui est dû » (2).

Le même auteur, ayant à commenter le titre XX de la coutume d'Orléans, intitulé « des arrêts et exécutions faits par vertu de lettres obligatoires et sentences », déclare d'ailleurs expressément, dans son introduction que « les matières qui sont traitées dans ce titre comprennent l'*hypothèque*, etc. » (3).

Veut-on encore d'autres preuves établissant que telle était bien la façon dont l'hypothèque était envisagée par notre ancienne législation? Elles abondent (4); qu'il nous suffise de citer l'article 121 de

tume d'Artois, v. édit. Tardif; Coutume de Beauvoisis XXXV 2, 20; Durandi. *Speculum juris*. III, part. 3. des oblig.; Pierre des Fontaines, *Conseil à un ami*. XV, 27.

1. Introduction au titre XX de la coutume d'Orléans. ch. I, sect. 1.

2. Il est inutile de faire observer combien cette définition, muette à l'égard du droit de préférence, serait aujourd'hui inexacte. Aussi Bugnet, dans son édition de Pothier (t. I, p. 657) déclare-t-il en note de ce passage : « Nos lois nouvelles ne considèrent pas l'hypothèque comme consistant dans le droit de faire vendre en justice les biens du débiteur, car le créancier même chirographaire, pourvu qu'il ait titre exécutoire, peut provoquer la vente des biens, meubles ou immeubles, du débiteur ».

3. *Op. et loc. cit.*

4. Nous avons déjà dit tout à l'heure avec M. Viollet,

l'ordonnance de 1629 décidant que « les jugements rendus, les contrats et les obligations, reçus ès royaumes et souverainetés étrangères, pour quelque raison que ce soit n'auront aucune *hypothèque et exécution* en notre dit royaume ». Sans doute cette ordonnance ne fut pas enregistrée par tous les parlements, mais là même où elle ne le fut point, le principe qu'elle proclamait n'en fut pas moins reconnu (1) : les actes des notaires étrangers, disait en effet Pothier (2), « n'ont pas l'autorité publique de *pouvoir*, telle que celle nécessaire pour imprimer le droit d'hypothèque sur les biens des contractants, n'y ayant en France aucune autorité publique de cette espèce que celle qui émane du roi ». « *Pour la même raison,* ajoutait encore le jurisconsulte, avant l'établissement des notaires royaux apostoliques, les actes reçus par les notaires apostoliques

qu'un certain nombre de textes anciens démontrent l'existence d'une relation étroite entre l'idée d'hypothèque et celle d'exécution parée. C'est aussi la conclusion tirée par M. Brutails de plusieurs passages d'auteurs du xıııe siècle cités par lui : « L'hypothèque conférait, je crois, au créancier le droit de saisir le gage de sa propre autorité, en dehors de toute formalité judiciaire » (*Etude sur la condition des populations rurales au moyen-âge*. p. 68 et note 4). Faut-il ajouter que, du moins certainement à partir du xvıe, tous les actes munis de la force exécutoire (soit actes notariés, soit jugements) emportaient de plein droit hypothèque ? V. notamment sur ce point, Esmein, *loc. cit.* Beaune, p. 556, Viollet, p. 741 et suiv.

1. Consultez notamment sur ce point. Beaune, p. 552.

2. *Op. cit.,* n. 9.

ne produisaient pas d'hypothèque, la puissance ec-
clésiastique ne s'étendant pas au temporel ».

L'hypothèque coutumière est donc profondément
différente, dans son principe, de l'hypothèque romaine, telle du moins que cette dernière nous appa-
rait à l'origine, puisqu'à cette époque ancienne, elle
n'emportait de plein droit, que le *jus possidendi*, le
droit pour le créancier de se mettre en possession du
bien grévé, et non le *jus distrahendi*, le droit de
faire vendre ce bien (1). Suivant une expression
énergique (2), celle-là est une *hypothèque-exécution*
et celle-ci une *hypothèque-gage*.

On comprend, par suite, que le préteur, en créant
cette dernière, n'ait exigé aucune forme pour sa validité, et l'ait fait résulter, en conséquence, de la
simple volonté des parties.

L'intervention de la puissance publique était nécessaire, au contraire, en ce qui concerne la première :
aussi les textes nous font-ils connaitre, que, pour
être efficace, « l'obligation » du xiiie siècle devait
être revêtue du consentement du seigneur de qui
dépendait la terre engagée (3).

Toute l'histoire de l'hypothèque dans notre ancien
droit, au point de vue de la nécessité d'un acte so-

1. V. spécialement Girard, p. 758 et suiv.
2. Challamel, p. 18.
3. Consultez, sur ce point, Beaune, p. 536 ; Cpr. coutume
de Beauvoisis, XXXV, 17, 18.

lennel pour la constitution de l'hypothèque conventionnelle, se résume dès lors dans une lutte d'influence entre la tradition coutumière et les principes romains (1).

Ce sont les principes romains qui l'emportent lorsqu'on admet la preuve de la convention d'hypothèque par témoins ou par simples chirographes (2).

Ce sont également les principes romains qu'en 1712 soutenait encore Nic. de Passeribus a Genua lorsqu'il prétendait que l'hypothèque pouvait naitre d'un acte sous seing privé (3).

Ils demeuraient, au contraire, fidèles à la vieille tradition nationale, les praticiens auxquels Antoine Favre (1557-1624) reprochait amèrement de n'admettre comme valable que l'hypothèque constituée par acte authentique.

De même aussi, le tiers ne faisait que se conformer à cette tradition, quand, aux Etats-Généraux de

1. Cpr. Challamel, p. 44.

2. On n'en peut dire autant, semble-t-il, à l'égard de la « lettre scellée », M. Esmein est, en effet, le premier à reconnaître que, primitivement la lettre scellée était un contrat solennel : « On le voit bien, observe le savant professeur, par la tradition qui s'en est conservée en Angleterre. Le deed anglais n'est pas autre chose qu'une lettre scellée émanant d'un particulier et le droit anglais qui ne connait pas nos actes notariés n'a pas de titre plus solennel pour les rapports de droit privé ». Esmein, *loc. cit.*

3. *Tractatus duo quorum primus de scriptura privata*, p. 99.

1614-1615, il blâmait la coutume de certaines provinces où l'on n'exigeait pas un acte notarié (1).

Finalement, avons-nous vu, ce fut en effet cette tradition qui triompha.

Pourtant, à la veille même de la révolution, une voix isolée s'éleva encore en faveur de la doctrine romaine : l'auteur de l'article « hypothèque » dans l'Encyclopédie méthodique ne craignit pas de déclarer, en 1785 : « En général, il est de principe que l'hypothèque est acquise par le seul consentement des parties » (2).

1. Labouré et Duval, Recueil, t. XVI, p. 562. 565. 564.
2. Jurisprudence, t. V, p. 100.

Section III. — Droit intermédiaire.

Deux lois, d'une importance capitale, sont intervenues, en matière hypothécaire, au cours de la période du droit intermédiaire : ce sont la loi du 9 messidor an III et celle du 11 brumaire an VII.

Ce n'est pas ici le lieu d'exposer les modifications profondes qu'elles ont apportées au régime hypothécaire de notre ancienne législation : la première,(qui n'a d'ailleurs jamais été mise en pratique), en proclamant le principe de la publicité des hypothèques, et, surtout, en créant les cédules hypothécaires et l'hypothèque sur soi-même ou hypothèque préconstituée ; la seconde, en consacrant non seulement, comme la première, le principe de la publicité, mais encore celui de la spécialité des hypothèques (1).

Ce qu'il nous faut seulement retenir, au point de vue qui nous intéresse, c'est que ces deux lois si novatrices sous tant de rapports, ont conservé purement et simplement, sans y rien changer, la règle traditionnelle d'après laquelle l'hypothèque ne pouvait résulter que d'un acte notarié : les articles 3 et 17 de la loi de messidor, d'une part, et l'article 3 de la loi de brumaire, de l'autre, sont des plus formels à cet égard.

1. V. sur tous ces points Besson, p. 82 et suiv. ; Gillard,

Ainsi s'explique pourquoi, à leur tour, les rédacteurs du Code civil ont si facilement maintenu cette
règle : sur d'autres points, les plus grandes divergen-
ces ont pu éclater entre eux, parce qu'il y avait conflit entre les principes reçus par la jurisprudence antérieurement à 1789 et ceux introduits par les lois
de l'époque intermédiaire ; ainsi en a-t-il été par
exemple lorsqu'il s'est agi de substituer au système
de la clandestinité et de la généralité de l'hypothèque, adopté par l'ancienne législation, celui de la
publicité et de la spécialité admis par la loi du
11 brumaire an VII (1). Mais, ici, aucune difficulté
n'était possible, puisque le législateur nouveau n'a-
vait fait que reproduire la doctrine accepté par l'ancien.

La règle de l'article 2127 a donc été votée sans
discussion par les auteurs du Code de 1804 (2).

Quelques exceptions y ont, toutefois, été apportées
depuis. Certains auteurs en ont même demandé la
suppression. Aussi serons-nous obligé, après avoir
déterminé sa portée d'application, de rechercher si
elle a encore, de nos jours, une justification légitime.

Par suite, l'étude qui va suivre sera divisée en
trois chapitres : Chapitre premier. Conséquences de

p. 41 et suiv. ; Baudry-Lacantinerie et de Loynes, t. 1, préface
p. XX et suiv. ; Challamel, *Etudes sur les cédules hypothécaires*.
  1. Baudry-Lacantinerie et de Loynes, t. 1, préface, p. XXXI.
  2. Fenet, *Travaux préparatoires du Code civil*.

la nécessité d'un acte notarié pour la constitution
d'une hypothèque conventionnelle. — Chapitre
deuxième. Exceptions à ce principe. — Chapitre
troisième. Justification de la règle de l'article 2127.

CHAPITRE PREMIER

CONSÉQUENCES DE LA NÉCESSITÉ D'UN ACTE NOTARIÉ
POUR LES CONVENTIONS D'HYPOTHÈQUES

Il importe d'abord de bien observer, afin d'éviter toute équivoque, que l'intervention d'un notaire n'est requise que pour l'acte par lequel est consentie l'hypothèque conventionnelle : ce sont les termes mêmes employés par l'article 2.127. Or, cet article est exceptionnel, puisque de droit commun, les contrats sont aujourd'hui purement consensuels ; il convient donc d'en restreindre l'application au seul cas qu'il prévoit, c'est-à dire à la seule convention d'hypothèque. C'est en effet un principe fondamental, en matière d'interprétation des lois, que les dispositions exceptionnelles de leur nature ne peuvent être étendues au-delà de leur texte (1).

De là résultent notamment deux conséquences importantes lesquelles n'ont, d'ailleurs, jamais fait l'objet d'aucune contestation.

1. « *Exceptio firmat regulam in casibus non exceptis. Exceptio est strictissimæ interpretationis* » D. 1, 3, *de legibus*, 14 et 15.

La première, c'est que l'obligation pour garantie de laquelle est fournie l'hypothèque, n'a pas besoin d'être constatée, elle aussi, par acte authentique, elle peut être établie au moyen de tous les modes de preuve qu'autorise notre législation, elle peut donc résulter d'un simple acte sous seing privé (1) et même, entre commerçants, des livres de commerce (2).

La seconde conséquence, c'est qu'un acte notarié n'est pas davantage indispensable pour la simple promesse d'hypothèque, puisqu'en pareil cas le débiteur ne consent pas actuellement l'hypothèque, il s'engage simplement à la constituer par la suite. Il est incontestable que cette promesse est valable, bien que faite par acte sous seing privé ou même verbalement (3).

1. Persil, *Régime hypothécaire*, t. I sur l'article 2.127 n° 1. Laurent, p. 50 n° 438 ; Aubry et Rau, *Cours de droit civil français d'après la méthode de Zachariae*, t. III § 266, texte et note 48, p. 274 ; Gillard n° 208 ; Baudry-Lacantinerie et de Loynes, t. II n° 1408 ; Guillouard, *Traité des privilèges et hypothèques*, t. II n° 991.

2. Douai, 17 décembre 1855, S. 54, 2, 279.

3. Rouen, 27 août 1844, S. 44, 1, 740 : D.P. 44, 1, 596 ; Pau, 16 juillet 1852, S 52, 2, 417 : D. P. 54, 2, 205 ; Cass. 5 novembre 1860, S. 61, 1, 858, D. P. 61, 1, 501 ; Trib. Langres, 31 décembre 1895, Gaz. Trib. du 15 avril 1896. Aubry et Rau, t. III, § 266, p. 275 ; Pont, *Commentaire, traité des privilèges et hypothèques et de l'expropriation forcée*, t. II n° 658 ; Laurent, t. XXX n° 455 ; Thézard n° 58 ; Gillard, n° 252. Baudry-Lacantinerie et de Loynes, t. II n° 1407 ; Guillouard t. II, n° 1008.

Encore faut-il, bien entendu, qu'il s'agisse simplement d'une promesse d'hypothèque : l'article 2127 devrait au contraire, être appliqué, s'il ressortait des circonstances de la cause, souverainement appréciées par les juges du fait, que les parties ont entendu dès à présent constituer l'hypothèque (1).

Il est, d'ailleurs, loin d'être certain que la nécessité d'un acte notarié s'étende également à tous les éléments de validité, quels qu'ils soient, de la convention d'hypothèque elle-même. Une distinction semble devoir être faite sur ce point, qu'il convient d'abord d'exposer. Nous verrons ensuite la sanction que comporte le défaut d'acte notarié dans le cas où un tel acte est exigé.

1. Rouen, 27 août 1844 et trib. Langres, 31 décembre 1895 précités : Aubry et Rau t. III § 266 note 52 ; Pont. *op. et loc. cit.* ; Laurent, *op. et loc. cit.* ; Baudry-Lacantinerie et de Loynes, *op. et loc. cit.*

Section I. — Détermination des éléments de validité de la convention d'hypothèque pour lesquels un acte notarié est nécessaire.

Les éléments de validité de la convention d'hypothèque, dont il y a lieu de se demander s'ils doivent être nécessairement contenus dans un acte notarié, sont au nombre de trois ; ce sont : 1" le consentement du débiteur ; 2" l'acceptation du créancier ; 3" la spécialisation tant du gage hypothécaire que de la créance garantie.

§ 1. *Consentement du débiteur.*

Dire, comme le fait l'article 2127, que « l'hypothèque conventionnelle ne peut être consentie que par un acte passé en forme authentique devant deux notaires ou devant un notaire et deux témoins », c'est évidemment déclarer que le consentement du débiteur à la constitution d'hypothèque ne peut être donné que dans un acte de cette nature. Sur ce point, aucune hésitation ne se conçoit (1).

L'application du principe a toutefois fait naitre, en plusieurs cas, d'assez sérieuses difficultés.

1. Baudry-Lacantinerie et de Loynès. t. II, n. 1416.

On s'est demandé tout d'abord ce qu'il convient
de décider lorsque le débiteur, au lieu de consentir
l'hypothèque en personne, donne pouvoir à un tiers
de la consentir en son nom. Il n'est pas douteux que
l'acte dans lequel ce tiers s'acquittera de sa mission
et constituera l'hypothèque au nom du débiteur, devra être notarié, comme tout autre acte constitutif
d'hypothèque. Mais faut-il aller plus loin et exiger
que le mandat lui-même soit fourni par devant notaire ?

La négative a été énergiquement soutenue. Il est
incontestable, en effet, que la nécessité de donner
la forme authentique au mandat pour constituer une
hypothèque conventionnelle n'est écrite nulle part
dans la loi. D'un autre côté, la règle générale en
matière de mandat est posée dans l'article 1985
C. civ., lequel dispose expressément que « le mandat peut être donné ou par acte public ou par écrit
sous seing privé, même par lettre ». Or, s'il est un
principe incontestable, c'est que, pour déroger à
une règle générale de droit commun, il faut un texte
formel ou, du moins, deux textes inconciliables.
Dès lors donc qu'il n'existe pas dans nos Codes de
disposition textuellement dérogatoire à l'article 1985,
on doit nécessairement en conclure que le mandat
pour constituer hypothèque peut, comme tout autre
mandat, être valablement conféré par écrit sous seing
privé et qu'il reste aussi bien en la forme qu'au fond

sous l'empire du droit commun. Il n'y a, d'ailleurs,
rien d'inconciliable entre les dispositions de l'article
1985 sur le mandat et celles de l'article 2127 qui
réglemente la constitution de l'hypothèque conventionnelle ; car la forme du mandat de celui qui sti-
pule dans un pareil acte. quelle qu'elle soit, n'ap-
porte aucune entrave à l'accomplissement des formalités extérieures de cet acte. Ainsi encore, et sous
ce rapport, le mandat sous seing privé est suffisant
pour constituer une hypothèque conventionnelle. Ne
peut-il même point sembler étrange qu'une pareille
question soit soulevée en présence de l'article 1988
C. civ. ? Ce texte, en effet, prévoit précisément
l'hypothèse où le mandat est donné pour consentir
hypothèque ; or, loin de déroger à l'article 1985 qui
le précède, il le confirme, au contraire, en décidant
que pour ce cas spécial, le mandat doit être exprès.
L'article 1988 ne s'occupe, il est vrai, que de l'étendue ou de la spécialité du mandat, mais cet article
n'avait pas à s'occuper de la forme, puisqu'elle était
déjà réglée dans l'article 1985. Il n'y aurait eu utilité à le faire qu'autant que le législateur aurait
voulu distinguer et ne pas laisser le mandat pour
constituer hypothèque sous l'empire de la règle générale ; et c'est justement parce qu'il n'en a rien dit
qu'on doit en inférer qu'il n'a pas entendu innover.
Voudrait-on tirer argument par analogie des articles
36, 66, 933 du Code civil et de l'article 2 de la loi

du 21 juin 1843, en prétendant que dans tous les cas où il prévoit une procuration donnée à l'effet de figurer dans un acte pour la validité duquel l'authenticité est nécessaire, le législateur exige invariablement que cette procuration soit également consentie par acte authentique ? Il faut, au contraire, conclure de ces divers articles que, lorsque la loi a voulu que le mandat fût authentique, elle a pris soin de le dire expressément, et que, lorsqu'elle a gardé le silence, elle a entendu laisser ce mandat soumis aux règles du droit commun. Or, encore une fois, aucun texte ne requiert un acte notarié pour la procuration à fin de constitution d'hypothèque (1).

C'est d'abord en ce sens que s'était prononcée la Cour de cassation ; partant de cette idée que le mandat à l'effet de consentir une hypothèque, et l'acte constitutif de cette hypothèque, sont deux choses tout à fait distinctes, elle avait commencé par décider que cet acte constitutif tombait seul sous le coup de l'article 2127 ; que le mandat restait, au contraire, exclusivement régi par l'article 1985 C. civ., et que, par suite, il n'avait nullement

1 Persil, t. I, sur l'article 2127, n. 6 ; Troplong, t. II, n. 510 ; Battur, *hyp.*, t. I, n. 167 et 168 ; *Dictionnaire du notariat*, V. hypothèques, n. 424 et 425 ; Rolland de Villargues, *Répert. du notar.*, V° Acte notarié, n. 26 ; Duranton, t. XIX, n. 357 *bis* ; Delvincourt, t. III, p. 165 ; Baudot, *Formalités hypothéc.*, t. I, n. 505 ; Marcadé, *Rev. crit.* 1852, t. II, p. 199 ; Pascaud, *Rev. crit.* 1882, p. 157. V. aussi Gillard, n. 251.

besoin, pour sa validité, d'être donné par acte notarié (1).

Mais, en 1854, la cour suprême est revenue sur cette jurisprudence ; par arrêt du 7 février de cette année, elle a jugé que, lorsque le débiteur consent l'hypothèque par l'intermédiaire d'un mandataire, la procuration doit participer de l'authenticité du contrat hypothécaire lui-même ; que ces deux actes forment ensemble un tout indivisible et sont astreints aux mêmes conditions ; que, par suite, les formalités indiquées dans les articles 1985 et 1988 C. civ., ne suffisent plus dans le cas spécialement régi par l'article 2127 (2).

Cette manière de voir a, depuis, été constamment maintenue par elle (3), et c'est aussi celle qu'ont adoptée la plupart des cours d'appel (4) et des au-

1. Cass., 27 mai 1819, S. et P. chr. ; Cass., 5 juillet 1827, S. et P. chr. — V. aussi Aix, 8 mars 1819, Rec. Aix, 1829. p. 547 ; Caen, 22 juin 1824. S. et P. chr.

2. Cass. 7 février 1854, Pand. fr. chr. III. 1, 246 ; S. 54. 1, 522 ; D. P. 54, 1. 49.

3. 12 novembre 1855, S. 56. 1,254 ; D. P,55,1,455 ; 19 janvier 1864, S. 64, 1, 221 ; D. P. 64, 1, 292 ; 15 novembre 1880, S. 81, 1, 255 ; D. P. 81, 1, 118 ; 27 juin 1881, Pand. fr. chr. VI. 1.. 94 ; S. 81, 1. 411 ; D. P. 82. 1, 175 ; 29 juin 1881, S. 85, 1, 218 ; D. P. 82, 1, 106 ; 25 décembre 1885, Pand. fr. chr. VI, 1,380 ; S. 86, 1, 145 ; D. P. 86, 1. 97 ; 24 mai 1886. S. 86, 1, 247 ; D. P. 87, 1, 222. V. aussi Cass , 3 décembre 1889, S. 91, 1, 525 ; D. P. 90. 1, 525.

4. Riom, 31 juillet 1851, S. 51, 2. 698 ; D. P. 52, 2, 222 ; Amiens, 9 avril 1856, S. 56. 2. 555 ; D. P. 57, 2, 20 : Riom-

teurs (1). Ce second système nous paraît, en effet, préférable, comme étant le plus conforme tant aux textes eux-mêmes qu'à la volonté du législateur.

Ce système est, disons-nous, le plus conforme aux textes : l'article 2127 ne dit-il pas que l'hypothèque ne peut être *consentie* que par acte notarié ? C'est là une disposition précise, générale, exclusive de toute distinction ; elle exige, de la façon la plus nette, que l'expression entière du consentement du débiteur à l'hypothèque conventionnelle soit constatée au moyen des conditions d'authenticité qu'elle détermine ; or, dans le cas où l'affectation hypothécaire est donnée par l'entremise d'un mandataire, le consentement du débiteur émane, en premier lieu, de l'acte au moyen duquel le pouvoir d'hypothéquer est

26 janvier 1857, J. N. art. 16. 148 ; Toulouse, 9 juillet 1859, S. 59, 2, 407 ; D. P. 59. 2, 201 ; Bordeaux, 26 avril 1864, S. 64, 2, 262 ; D. P. 64, 2, 220 : Douai, 1er avril 1870, Jurisp. Douai 1870, p. 275 : Amiens, 24 février 1880, S. 82, 2, 178 ; Chambéry, 18 juillet 1881, *Gaz. Pal.* 82, 1, 11 ; Orléans, 11 mai 1882, D. P. 83, 5, 288. Paris, 5 décembre 1887. D. P. 89, 2, 185. V. toutefois Rennes, 9 août 1854, sous Cass. 12 novembre 1855, précité.

1. Merlin, *Rép.* V° hyp. sect. II, § 5, art. 6 ; Grenier, t. I, n. 68 ; Taulier, t. VII, p. 260 ; Mourlon, *Transcription,* n. 1006 ; Merville, *Rev. prat.* 1856. II, p. 97 : Aubry et Rau, t. III, § 266, p. 274, texte et note 49 ; Pont, t. I, n. 170 et t. II, n. 657 : Thézard, n. 58-2 ; Colmet de Santerre, t. IX, n. 94 *bis* V : Boulanger, *Rad. hyp.,* n. 24 : Baudry Lacantinerie et de Loynes, t. II, n. 1415 ; Guillouard, t. II, n. 992. *Cpr.* Labbé, note dans S. 81, 1, 141.

conféré à ce mandataire. En d'autres termes, et pour résumer d'un mot ce premier argument, la volonté du constituant doit, aux termes de l'article 2127, être constatée par acte notarié ; or, lorsqu'il se fait représenter par un mandataire, c'est dans la procuration qu'il manifeste cette volonté ; il est, par suite, indispensable que cette procuration soit elle-même notariée. A cet égard donc, l'article 2127 doit être considéré comme dérogeant à la règle générale de l'article 1985.

Ce second système est également, avons-nous ajouté, le plus conforme à l'esprit du législateur. Que l'on consulte les articles 36, 66 et 933 C. civ., on constatera que, dans toutes les hypothèses où il a eu l'occasion de s'occuper d'un mandat conféré en vue d'accomplir un acte pour lequel l'authenticité est requise, le Code civil a toujours décidé que ce mandat devrait lui-même être donné en la forme authentique. Et telle est aussi la conclusion qui se dégage de l'article 3 de la loi du 21 juin 1843, car, après avoir indiqué les actes pour lesquels est prescrite, à peine de nullité, la présence réelle du notaire en second ou des témoins instrumentaires, cet article assujettit à la même formalité la procuration à l'effet de consentir ces divers actes.

Faut-il observer encore, avec un certain nombre d'arrêts, que les deux raisons principales pour lesquelles l'intervention d'un notaire se justifie aujour-

d'hui en ce qui concerne l'acte constitutif d'hypothèque, peuvent être invoquées avec la même
force lorsqu'il s'agit du mandat en vertu duquel est
constituée l'hypothèque ? Ces deux raisons sont, la
première, le souci « de protéger la liberté et d'assurer par des conseils la clairvoyance de celui qui
grève ses biens et altère son crédit », la seconde, le
désir d'empêcher « que les procédures d'ordre ne
soient embarrassées par des méconnaissances d'écriture dirigées contre des actes sous seing privé ». Or,
d'une part, c'est au moment où le débiteur consent,
en donnant pouvoir, à l'affectation hypothécaire de
ses immeubles, que lui est nécessaire l'assistance
d'un officier ministériel ; d'autre part, la vérification
d'écritures de la procuration, au cours d'un ordre, est
évidemment aussi grosse d'inconvénients que celle
de l'acte constitutif d'hypothèque (1).

Il semble, au surplus, que ce second système ne
puisse plus être contesté depuis la loi du 1er août
1893 sur les sociétés. En ajoutant à la loi du 24 juillet 1867 un article 69 dont il sera bientôt parlé,
cette loi n'a fait, en effet, suivant le rapport de
M. Claussel de Coussergues (2), qu'écarter l'une des
conséquences de la théorie jurisprudentielle d'après
laquelle le pouvoir à l'effet de consentir hypothèque doit être donné par acte notarié. C'est donc *a*

1. Cass. 7 février 1854 et 12 novembre 1855, précités.
2. *Journ. off.* du 9 septembre 1893, annexes p. 978, n. 2066.

contrario que le législateur de 1893 a entendu consacrer cette théorie dans ses autres conséquences et
dans son principe.

Il y a encore toute une série d'hypothèses dans
lesquelles la règle que le consentement du débiteur
à la constitution de l'hypothèque ne peut être donné
que par acte notarié, a suscité une controverse des
plus délicates : ce sont celles où le débiteur, étant
un incapable, ne peut hypothéquer ses biens qu'avec
l'autorisation ou l'assistance d'une tierce personne.
Faut-il que cette autorisation ou cette assistance se
produise également par acte notarié ? La question
se présente notamment pour la femme mariée, pour
l'individu pourvu d'un conseil judiciaire et pour le
mineur émancipé.

La plupart des auteurs (1) sont d'avis, spécialement en ce qui concerne la femme mariée, que l'autorisation maritale, nécessaire pour lui permettre de
constituer valablement l'hypothèque, peut lui être
fournie même par acte sous seing privé. En effet,
disent-ils, l'autorisation maritale n'est qu'une condition de capacité personnelle, tout à fait extrinsèque
et étrangère à la forme des actes pour lesquelles elle
est accordée. Il est vrai, comme on vient de le dire,
que, suivant l'opinion générale, l'authenticité est

1. Cubain, *Droit des femmes*. n. 161 ; Duranton. t. II n. 446.
Demolombe, t. IV n. 194 ; Aubry et Rau, t. III § 472 p. 151
texte et note 54 ; Gillard, n. 248 ; Guillouard, t. II n. 994.

requise pour le mandat à l'effet de constituer hypothèque. Mais « autre chose est le mandat, autre
chose est l'autorisation. Le mandat se confond avec
le consentement ; or, dans les actes solennels, tout
ce qui tient à l'expression du consentement doit être
solennel, donc aussi la procuration. Tandis que l'autorisation est le consentement du mari, elle n'a rien
de commun avec la libre expression de la volonté
de la femme. D'où suit que l'autorisation reste dans
le droit commun des actes non solennels ». L'article 217 C. civ. fournit, d'ailleurs, un argument des
plus probants en ce sens, car il se contente, pour
que la femme puisse hypothéquer, du consentement
par écrit du mari, sans exiger que cet écrit soit un
acte authentique.

Nous inclinerions plutôt, avec M. Labbé (1), vers
l'opinion contraire. Il nous semble, en effet, quoi
qu'on puisse prétendre, que, dans notre hypothèse,
le consentement à la constitution d'hypothèque se
compose, de la part du débiteur, de deux volontés
qui se complètent : il est donc nécessaire que ces
deux volontés soient l'une et l'autre constatées par
acte notarié. Aussi bien retrouvons-nous ici les deux
motifs principaux que l'on considère de nos jours
comme légitimant la nécessité de l'intervention d'un
notaire en matière de convention d'hypothèque : il y
a le même besoin de protection à satisfaire, l'autorisa-

1. Labbé, note dans S. 81. 1, 442.

tion qu'il s'agit alors au mari de donner, étant un acte des plus graves; il y a le même danger de procédures longues à éviter, les dénégations d'écritures devant retarder la solution de l'ordre, lorsqu'elles portent sur l'écrit contenant l'autorisation du mari, aussi bien que si elles s'attaquaient à l'acte même de constitution d'hypothèque. Quant aux mots *par écrit* de l'article 217, ils n'ont été employés par ce texte qu'à titre d'expression générique, en vue de formuler une règle commune à tous les actes pour lesquels il requiert l'autorisation du mari ; il convient donc, pour déterminer la nature de l'écrit exigé dans chaque cas particulier, de les entendre *secundum subjectam materiam*, c'est-à-dire en tenant compte du caractère spécial de l'acte à propos duquel est soulevée la difficulté : cet écrit devra être authentique s'il s'agit d'un acte solennel ; il suffira, dans le cas contraire, qu'il soit simplement sous seing privé.

Les tribunaux ne paraissent pas avoir jamais eu l'occasion de trancher le point de droit précis qui vient d'être examiné. Toutefois, ils ont été appelés à statuer sur une situation sinon identique, du moins très voisine ; ils ont eu, en effet, à décider si l'autorisation donnée par le mari à la femme pour faire une donation doit nécessairement, comme la donation elle-même, avoir lieu par acte notarié. La cour de Besançon d'abord (1), la cour de Cassation

1. S. 47. 1, 189 ; D. P. 45, 4, 155.

ensuite (1), se sont prononcées pour l'affirmative, apportant ainsi l'appui de leur haute autorité à l'opinion que nous venons de défendre.

Quant à l'individu pourvu d'un conseil judiciaire, les auteurs eux-mêmes s'en sont rarement préoccupés. La difficulté se présente, au reste, à peu près dans les mêmes termes que pour la femme mariée, et, par suite, elle doit recevoir la même solution.

Ceux donc qui n'exigent pas un acte notarié pour l'autorisation du mari n'en requièrent pas davantage pour l'assistance du conseil judiciaire (2).

Pour nous, au contraire, nous croyons, toujours d'accord sur ce point avec M. Labbé (3), et toujours pour les raisons que nous venons de développer, que la constitution d'hypothèque émanant d'une personne pourvue d'un conseil judiciaire n'est valable que si la volonté de ce conseil est elle-même constatée devant notaire, comme celle de l'incapable, car c'est seulement le concours de ces deux volontés qui constitue le consentement du débiteur.

Une décision semblable s'impose, par identité de motifs, en ce qui concerne le mineur émancipé lequel ne peut non plus valablement consentir hypothèque sans l'assistance de son curateur.

1. S. 47, 1, 489 ; D. P. 47, 1, 15.
2. Gillard, n. 248 : Guillouard, t. II. n. 994.
3. S. 81, 1, 442.

§ 2. — *Acceptation du créancier*.

Un arrêt de la Cour de Lyon (1) n'a pas craint de décider que l'hypothèque conventionnelle, étant un contrat unilatéral, peut exister valablement indépendamment de toute acceptation du créancier. Telle était déjà, d'ailleurs, la doctrine admise par les praticiens du temps du président Favre (2). Mais ce dernier l'avait condamnée avec la plus grande énergie, en la qualifiant de « chose monstrueuse », et M. Laurent (3), à son tour, n'hésite pas à dire de l'arrêt précité de la Cour de Lyon qu'il « déconsidère » la jurisprudence.

Une pareille théorie constitue, en effet, une véritable hérésie juridique, puisque, par définition même, il ne peut y avoir de convention sans le concours des volontés des parties intéressées. La règle est la même à cet égard, qu'il s'agisse de contrats unilatéraux ou de contrats synallagmatiques : sans doute, dans les contrats unilatéraux, une seule des parties s'oblige (art. 1103 C. civ.), tandis que toutes les deux s'engagent réciproquement dans les contrats synallagmatiques (art. 1102) ; mais, dans les uns comme

1. 9 mai 1857, S. 57, 2, 468 ; D. P. 58, 2, 7. Cpr. Cass. 5 août 1859, S. 59, 1, 755 ; D. P. 59, 1, 510 ; Chambéry, 20 janvier 1872, S. 72, 2, 125 ; D. P. 75, 2, 146.

2. *De erroribus pragmaticorum, decad*. I, error. I.

3. T. XXX, n. 426.

```
— 49 —
```

dans les autres, l'accord de volontés est indispensable. Il ne peut donc pas être sérieusement contesté que l'acceptation du créancier est nécessaire pour la validité de l'hypothèque conventionelle (1).

La seule difficulté est de savoir de quelle façon doit être manifestée cette acceptation : faut-il qu'à l'instar du consentement du débiteur, elle intervienne obligatoirement dans un acte notarié ? Ne peut-elle pas, au contraire, être faite par acte sous seing privé et même avoir lieu tacitement ? Les deux opinions sont enseignées.

Pour soutenir qu'un acte notarié est nécessaire, on se prévaut surtout des termes mêmes de l'article 2127 : cet article ne dit-il point que l'hypothèque conventionnelle ne peut être « consentie » que par un acte reçu en la forme authentique ? Le « consentement » à la constitution d'hypothèque n'est donc valable que s'il est constaté par acte notarié. Or, d'après l'étymologie même du mot (2), le « consentement » c'est le concours de volontés des deux parties (3). Il faut donc lire l'article 2127 comme s'il

1. Toulouse 5 juillet 1850, S. et P. chr. Laurent, t. XXX, n. 424 et s. ; Aubry et Rau, t. III, § 266, p. 273 ; Gillard, n. 242 ; Baudry-Lacantinerie et de Loynes, t. II n. 1518 ; Guillouard, t. II, n. 1000.

2. « *Consensus* » vient de *cum* et de *sentire*. Cpr. D. 2. 14, *de pactis*, 1. 2.

3. V. notamment Laurent, t. XV, n. 468 ; Baudry-Lacantinerie et Barde, *Des obligations*. t. I, n. 27.

disait : « L'hypothèque ne peut être « offerte et acceptée que par un acte, etc. ». On ajoute que, sous l'empire de notre législation, la convention d'hypothèque est un contrat solennel : c'est ce qui résulte, avons-nous dit déjà, de l'article 2127 aux termes duquel l'hypothèque conventionnelle est celle qui dépend des conventions et de la forme extérieure des actes ; or, il est de règle dans les contrats solennels que tous les éléments de la convention, c'est-à-dire en particulier l'acceptation du créancier, doivent être constatés authentiquement ; l'article 932 du Code civil ne fait que consacrer une application de cette règle, lorsqu'il décide spécialement que l'acceptation d'une donation entre vifs ne peut être faite, comme la donation elle-même, que par un acte authentique (1).

Les partisans de cette théorie, en la combinant avec le principe, généralement admis, suivant lequel le mandat pour figurer dans un acte authentique doit être authentique lui-même, en tirent d'ailleurs cette conclusion logique qu'un tiers ne peut accepter au nom du créancier la constitution d'hypothèque que si ce dernier lui a donné à cet effet une procuration notariée (2).

---

1. Zacharie, t. II, § 266, texte et note 18 ; Laurent, t. XXX, n. 440 à 445. — V. aussi Cass. 21 février 1810, S. et P. chr.
2. Laurent, t. XXX, n. 445 et 447.

Mais ce premier système ne nous paraît pas devoir être adopté. On ne voit pas, en effet, le motif rationel pour lequel l'acceptation du créancier ne pourrait être exprimée qu'en présence d'un notaire. Du moins, aucun des motifs allégués pour justifier l'intervention obligatoire de cet officier ministériel quand il s'agit du consentement du débiteur, ne se rencontre ici : le créancier n'a pas besoin d'être protégé, puisque l'hypothèque est constituée dans son intérêt ; et, pour la même raison, il n'y a pas à craindre qu'il dénie jamais sa signature. La nécessité d'un acte notarié ne se comprend donc pas à son égard. Par suite, on ne saurait l'admettre que si elle était commandée impérieusement soit par les textes, soit par les principes généraux du droit. Or, sous ce double rapport, les arguments invoqués sont loin d'être concluants. Il n'est pas sûr, tout d'abord, que l'article 2127 ait pris l'expression « consentie » dans le sens qu'on lui prête ; il arrive fréquemment que le législateur se sert du mot « consentement » pour désigner uniquement la volonté de la partie qui s'oblige : c'est notamment ce qu'il a fait dans l'article 1108 C. civ. On peut très bien prétendre, en conséquence, que notre article 2127 n'a songé qu'au débiteur, et a simplement voulu dire que l'hypothèque ne peut être « concédée » par ce dernier que dans un acte notarié. D'autre part, s'il est vrai que la convention d'hypothèque est un contrat solennel, il n'est pas du tout démontré que tous les éléments des contrats solennels doivent, comme on l'affirme, être contenus dans un acte authentique. L'article 932, sur lequel on s'appuie, semble plutôt prouver le contraire quant à l'acceptation du créancier : si cet article a pris soin de dire que la volonté du donataire doit, comme celle du donateur, être manifestée devant notaire, n'est-ce pas précisément parce que cela n'allait point de soi et que la disposition dudit article constitue une disposition exceptionnelle qu'on ne peut étendre à la constitution d'hypothèque ; d'autant plus, ajoutent MM. Baudry-Lacantinerie et de Loynes (1), qu'elle ne peut s'expliquer que par la défaveur dont les donations ont été l'objet aux yeux de notre législateur, et que, certainement, il n'a pas vu du même œil les constitutions d'hypothèque. Il n'y a donc aucune bonne raison d'écarter le droit commun des conventions en ce qui concerne l'acceptation du créancier dans notre hypothèse, et d'exiger que cette acceptation ait lieu par acte notarié.

C'est en ce dernier sens (2) que se prononcent

1. t. 2, n. 1416.

2. Pont, t. II, n. 659 ; Thézard, n. 58 ; Aubry et Rau, t. III, § 266, p. 274, texte et note 51 ; Gillard, n. 245 ; Baudry Lacantinerie et de Loynes, t. II, n. 1416 ; Guillouard, t. II, n. 1001 ; Labbé, note dans S. 79. 2. 514.

presque tous les auteurs et la jurisprudence (1) française (2).

A peine est-il besoin de dire qu'en conséquence, dans ce second système, et contrairement à la doctrine professée par le premier, la constitution d'hypothèque peut être acceptée, au nom du créancier, par un tiers non muni d'une procuration notariée : ce tiers pourrait même être sans mandat et simplement se porter fort du créancier, à la charge toutefois de ratification par celui-ci (3).

1. Paris, 22 avril 1855, S. 55, 2, 575 : D. P. 55, 2, 155 : Lyon 9 mai 1857, S. 57, 2, 468 ; D. P. 58, 2, 7 : Cass. 5 août 1859, S. 59, 1, 755 ; D. P. 59, 1, 510 ; Cass. 4 décembre 1867, S. 68 ; 1, 252 ; Chambéry 20 janvier 1872, S. 72, 2, 125 : D. P. 75, 2, 146.

2. La cour de cassation de Belgique a adopté l'opinion contraire (29 mai 1863, Pasicr., 1863, 1, 212) ; mais sa décision se fonde sur ce que cette opinion a été expressément consacrée par la commission spéciale dans son rapport sur la loi hypothécaire belge du 16 décembre 1851. Les cours d'appel continuent, au contraire, à statuer conformément au second système. Liége 19 janvier 1856, Pasicr., 1857, 2. 550 ; Liége 2 août 1862 Pasicr., 1862, 2, 402 ; Gand 11 avril 1875, *Pasicr.*, 176, 2, 44 ; Liége 25 janvier 1877. *Journ. cons. hyp.* 1878, p. 191 ; V. aussi Marton, *Commentaire*, t. III, p. 87, n. 982 *ter*.

3. Amiens 7 février 1889. *Journ. cons. hyp.*, 1890. p. 414 ; Aubry et Rau, t. III, § 266, p. 274, note 50 : Baudry Lacantinerie et de Loynes, t. II. n. 1417 ; Gillard, n. 244 : Guillouard, t. II. n. 1002. V. aussi Liége 25 janvier 1877 précité. — Mais l'acceptation au nom du créancier pourrait-elle émaner du notaire même qui reçoit l'acte constitutif d'hypothèque ? La question est discutée : mais la négative paraît prévaloir. Cpr. sur ce point, Cass. 5 août 1847, S. 47, 1, 725 ; D. P. 47, 1,

§ 3. — *Spécialisation de l'hypothèque.*

Il a déjà été dit comment les rédacteurs du Code civil, rompant sur ce point avec les traditions de l'ancienne jurisprudence, ont consacré, à l'exemple du droit intermédiaire, le principe de la spécialité de l'hypothèque. Jurisconsultes et économistes sont d'accord pour les en féliciter. Il est vrai que ce principe constitue une atteinte assez sérieuse à la liberté des conventions ; mais il présente des avantages si considérables tant au point de vue social qu'au point de vue des créanciers et du débiteur que sa légitimité ne saurait être contestée : — au point de vue social : car, sous une législation qui permet, sans restriction aucune, les hypothèques générales, la fortune immobilière risque d'être bientôt grevée dans son ensemble et d'être ainsi frappée d'une espèce d'immobilité ; — au point de vue des créanciers, car la règle de la généralité des hypothèques donne lieu à des procédures d'ordre très compliquées et, par suite, très coûteuses, à raison du concours sur les

405 ; Cass. 11 juillet 1859. S. 59, 1, 551 ; D. P. 59, 1, 401 : Chambéry. 20 janvier 1872, S. 72, 2, 125 ; D. P. 75, 2, 146 ; Pont, t. II, n. 659 ; Thézard, n. 58 ; Aubry et Rau, t. III, § 266. p. 275, texte et note 52 : Laurent, t. XXX, n. 418 : Gillard, n. 245 : Baudry Lacantinerie et de Loynes, t. II, n. 417 : Guillouard, t. II, n. 1002.

mêmes immeubles d'un grand nombre de créanciers :
cet inconvénient est très atténué, au contraire, avec
le principe de la spécialité, dont le résultat pratique
semble devoir être d'assigner à chaque créancier un
gage propre et distinct : « A l'égard du second, (de
celui qui prête), disait le tribun Grenier (1), l'objet
de son hypothèque spéciale devient ordinairement
un gage pour lui seul ; car il est rare qu'un autre
particulier vienne prêter sur la foi de ce même gage ».
— Enfin et surtout, au point de vue du débiteur qu'il
est nécessaire de défendre contre la facilité avec laquelle il donnerait hypothèque sur la totalité de ses
immeubles ; il importe de ménager son crédit qui
pourrait ainsi se trouver épuisé d'un seul coup :
l'obligation où le met le principe de spécialité de dé-
tailler les biens qu'il hypothèque le conduira sans
doute à ne consentir au créancier qu'un gage pro-
portionné à sa créance (2).

1. Fenet, t XV, p. 485 ; Locré, t. XVI, p. 588, n. 24.
2. Baudry Lacantinerie et de Loynes. t. II, n. 1566 ; Guillouard, t. II, n. 1021. — On a parfois cherché à justifier la règle de la spécialité en disant que son but est de permettre de
donner satisfaction à celle de la publicité. Mais il n'y a nullement entre ces deux règles la relation de cause à effet : on conçoit très bien un système hypothécaire (par exemple celui de
l'édit de mars 1673) dans lequel l'hypothèque pourrait être générale, tandis que l'inscription devrait être spéciale. Baudry
Lacantinerie et de Loynes, t. II, n. 1567. V. aussi Colmet de
Santerre, t. IX, n. 96, *bis* II ; Pont, t. II, n. 672 ; Laurent,
t. XXX, n. 199.

Les auteurs du Code ont donc voulu, si l'on se place en particulier à ce dernier point de vue, que le contrat hypothécaire soit conçu de manière à permettre au débiteur d'apprécier, d'une façon exacte, l'étendue de la brèche ouverte dans son crédit ; pour atteindre ce but, il faut que le contrat indique, d'une part, quels immeubles sont grévés, d'autre part pour quelle somme ils le sont. C'est en effet ce que décident les articles 2129 et 2132. — Art. 2129 : « Il n'y a d'hypothèque conventionnelle valable que celle qui, soit dans le titre authentique constitutif de la créance, soit dans un acte authentique postérieur, déclare spécialement la nature et la situation de chacun des immeubles actuellement appartenant au débiteur, sur lesquels il consent l'hypothèque de la créance. Chacun de tous ses biens présents peut être nominativement soumis à l'hypothèque. Les biens à venir ne peuvent pas être hypothéqués ». — Art. 2132 : « L'hypothèque conventionnelle n'est valable qu'autant que la somme pour laquelle elle est consentie est certaine et déterminée par l'acte ; si la créance résultant de l'obligation est conditionnelle pour son existence, ou indéterminée dans sa valeur, le créancier ne pourra requérir l'inscription dont il est parlé ci-après que jusqu'à concurrence d'une valeur estimative par lui déclarée expressément, et que le débiteur aura droit de faire réduire s'il y a lieu ».

Aux termes de ces deux articles, il est donc indispensable que la spécialisation de l'hypothèque, soit quant au gage hypothécaire, soit quant à la créance garantie, ait lieu dans l'acte notarié constitutif d'hypothèque (1).

Autrement l'hypothèque serait nulle, quand même cette spécialisation serait faite ensuite dans l'inscription, car, ainsi qu'il vient d'être dit, la règle de la spécialité n'a pas pour raison d'être de permettre l'observation de celle de la publicité ; elles sont complètement distinctes l'une de l'autre, et, par conséquent, le fait d'avoir obéi à la seconde ne saurait avoir pour effet de couvrir la violation de la première (2).

Il convient toutefois de remarquer, quant à la spécialité de la créance garantie, que lorsque l'obliga-

1. Aubry et Rau, t. 3, § 266, p. 277 ; Pont, t. 2, n° 675 ; Laurent, t. 30, n° 199 et 521 ; Gillard, n° 208 ; Baudry-Lacantinerie, t. 2, n° 1368, 1400 et 1408 ; Guillouard, t. 2, n° 991 : Habituellement, la créance et l'hypothèque sont constatées à la fois par un même acte notarié ; mais le contraire est possible : c'est à l'une et l'autre de ces deux hypothèses que fait allusion l'article 2129 § 1, lorsqu'il exige la désignation des biens grevés « soit dans le titre authentique de la créance soit dans un acte authentique postérieur » Baudry Lacantinerie et de Loynes, p. 2, n° 1408.

2. Cass. 25 août 1808. S. et P. m. ; Cass. 20 février 1810, S. et P. chr. ; Cass. 26 avril 1852, S, 52, 1.525 ; D. P. 52, 1. 151 ; Douai. 10 août 1892, jurisp. Douai. 1892. p. 258 ; Pont, t. 2. n° 672 ; Laurent, t. 30, n. 399 et 500 : Baudry-Lacantineries et de Loynes. t. 2. n° 1368.

tion pour sûreté de laquelle l'hypothèque est constituée, est indéterminée dans sa valeur, il n'est pas nécessaire que l'acte qui en opère la liquidation et en fixe le montant, soit un acte authentique : ce peut être un simple acte sous seing privé. L'article 2132 lui-même ne laisse aucun doute à cet égard, puisqu'il se contente, en pareil cas, d'une évaluation dans l'inscription (1).

A ne consulter que les termes de cet article 2132, on pourrait croire qu'il en est exactement de même dans le cas où la créance garantie par l'hypothèque est conditionnelle ; il traite, en effet, cette créance comme l'obligation indéterminée et astreint, par suite, le créancier à l'évaluer dans l'inscription. Mais les auteurs sont unanimes à critiquer sa rédaction sur ce point : pour être incertaine dans son existence, une créance n'est point, par cela même, indéterminée dans son quantum ; son chiffre peut, au contraire, être parfaitement fixé ; comment concevoir, en pareil cas, la nécessité d'une évaluation ? Il est donc impossible de prendre à la lettre cette disposition de l'article 2132 ; mais, l'interprétant à la lueur des principes, il y a lieu de décider que pour satisfaire à la condition de spécialité, on doit indi-

1. Merlin, Rép. V° hyp., sect. II. § 3, art. 6. n. 4 ; Persil, t. I, sur l'article 2129. n. 7 : Troplong, t. 2, n. 508 ; Grenier, t. I, n. 29: Pont, t. 2, n. 608 : Baudry Lacantinerie et de Loynes. t. 2, n. 1408.

quer en toute hypothèse dans l'acte constitutif d'hypothèque, les modalités (terme ou condition) dont est affectée l'obligation garantie. Est-elle indéterminée dans son quantum, s'agit-il par exemple, d'une obligation de faire, cette indication sera suffisante ; il ne sera pas besoin d'en faire d'ores et déjà l'évaluation ; est-elle, au contraire, déterminée, il faudra, en outre, déclarer son montant exact dans l'acte constitutif (1).

Une application intéressante de ces principes a été faite en matière d'ouverture de crédit. On sait qu'il faut entendre, sous cette dernière dénomination, la convention par laquelle une personne, ordinairement un banquier, s'oblige à tenir à la disposition d'une autre, qu'on appelle le crédité, des fonds ou des effets négociables jusqu'à concurrence d'une somme déterminée (2).

La créance qui naîtra au profit du banquier créditeur par suite de la réalisation de cette opération est évidemment conditionnelle, elle est, en effet, subordonnée à la volonté du crédité lequel est libre d'user ou non du crédit, de prendre la somme qui

1. Aubry et Rau, t. III, § 266. p. 277 texte et note 57 ; Pont. t. II. n. 705 et suiv. ; Gillard. n. 299 et 300 ; Baudry-Lacantinerie et de Loynes, t. II. n. 1400 ; Guillouard. t. II. n. 1017 et n. 1018.

2. Boistel, *Précis de droit commercial*. 4° édition. n. 888 ; Cpr. Lyon-Caen et Renault, *Traité de droit commercial*. t. IV. n. 709 ; Maurice Falloise, *Traité de l'ouverture du crédit*.

lui plait ou de ne prendre absolument rien (1). Mais le chiffre de cette créance, tout au moins le chiffre maximum qu'elle peut atteindre, est dès à présent certain. Si donc une hypothèque est constituée pour sûreté de cette créance, non seulement la convention constitutive de cette hypothèque devra être constatée par acte authentique (2), mais il faudra nécessairement indiquer, dans cet acte, le montant du crédit ouvert (3).

1. Boistel, n° 888. Il y a là une condition potestative de sa part : l'article 1174 C. civ. n'est cependant point violé, cet article ne visant que la condition potestative de la part de celui qui s'oblige ; or, dans la convention d'ouverture de crédit (mais non dans le prêt qui naît de sa réalisation), ce n'est point le crédité, c'est le créditeur qui s'oblige. Boistel, *op.* et *loc. cit.* ; Dietz, *Compte courant,* p. 269 ; Troplong, n. 480 ; Pont, t. II, n. 711 ; Aubry et Rau, t. III, § 266, p. 281 ; Thézard, n. 69 ; Laurent, t. XXX, n. 527 ; Pont, t. II, n. 711 ; Baudry-Lacantinerie et de Loynes, t. II, n. 1051 ; Cass., 6 avril 1809, S. et P. chr. ; Cass., 26 janvier 1814, S. et P. chr. ; Cass., 10 août 1851, S. 51, 1. 571 : D. P., 51, 1. 505 : Cass., 11 décembre 1848, S. 49, 1. 115 : D. P., 48, 1, 254 ; Cass., 21 mars 1849, J. N. art. 15925 ; Cass., 21 novembre 1849, S. 50, 1, 91 ; D. P. 49, 1, 275 ; Cass., 8 mars 1855, S. 55, 1, 214 ; D. P. 54, 1, 541. Cpr. Delvincourt, t. III, p. 278 ; Colmar, 18 avril 1864, S. et P. chr. Quelques auteurs qualifient l'obligation à naître de la réalisation de l'ouverture de crédit, non d'obligation conditionnelle, mais d'obligation éventuelle. Cette différence de qualification est sans intérêt au point de vue qui nous occupe, Baudry-Lacantinerie et de Loynes, t. II, n. 1051.

2. Boistel, n. 888 ; Lyon-Caen et Renault, t. IV, n. 728 ; Pont t. II, n. 718.

3. Pont t. II, n. 714 ; Martou, t. III, n. 1018 ; Laurent, t. XXX, n. 529.

Pour la même raison, le bénéfice de l'hypothèque ne peut être réclamé par le créditeur que jusqu'à concurrence de la somme indiquée dans l'acte notarié contenant constitution d'hypothèque. La cour de Pau s'est cependant décidée en sens contraire. Dans l'espèce sur laquelle elle a statué, un sieur Favrie, par acte authentique en date du 16 août 1836, s'était obligé, à titre d'ouverture de crédit, à tenir à la disposition d'un sieur et d'une dame Penne, une somme de 100.000 fr. avec stipulation que la réalisation du crédit aurait lieu par la remise successive de sommes diverses jusqu'à concurrence de 100.000 fr. et qu'à cet effet, il serait ouvert un compte courant spécial. L'arrêt intervenu a jugé, dans cet état, que, pour savoir si le crédit comprenait non seulement lesdits 100.000 fr. mais encore les sommes énoncées dans un acte sous seing privé du 19 mars de la même année, il ne suffisait pas de consulter l'acte authentique du 16 août, constitutif de l'hypothèque, mais qu'il fallait le combiner avec l'acte du 19 mars, lequel contenait l'ensemble des conventions arrêtées entre les parties et qui déterminaient les causes et les conditions du crédit (1). Mais, sur pourvoi, la Cour de cassation a estimé (2) qu'en jugeant ainsi, et en statuant sur cette base, la Cour

1. Pau. 22 août 1849, S. 54, 1. 95 : D. P. 54, 1. 275.
2. 1er décembre 1852 : S. 54. 1. 75 : D. P. 54. 1. 275.

de Pau avait réglé les effets et l'étendue de l'hypothèque consentie par l'acte du 16 août d'après les
dispositions de l'acte sous seing privé antérieur ;
qu'ainsi elle avait étendu l'hypothèque résultant de
l'acte authentique à des conventions qui n'avaient
été réglées que par un acte sous seing privé; qu'elle
avait donc violé l'article 2127 C. civ., et que, par
suite, son arrêt devait être cassé. Et cette décision
de la Cour suprême a été justement approuvée par
tous les auteurs (1).

Faut-il aller plus loin encore et décider que la
réalisation du crédit elle-même ne peut être établie
qu'au moyen d'un acte authentique ? L'affirmative a
été soutenue autrefois par Merlin (2) et par Dalloz (3).
L'hypothèque ne pouvant résulter, d'après l'article
2127, que d'un titre notarié, ces auteurs en dédui-
saient qu'un titre de cette nature était également
nécessaire pour l'établissement de la somme à l'occasion de laquelle a été fournie une garantie hypothécaire. Leur opinion se fondait surtout, au surplus,
ainsi que l'explique Merlin, sur le passage suivant
de Raviot sur Perrier (4) : « Le mandant et le mandataire avaient promis, celui-ci l'exécution du man-

1. Pont. t. II. n. 656 ; Laurent, t. 30 n. 439 ; Martou. t. III.
n. 982 *bis*, Gillard, n. 208 ; Baudry-Lacantinerie et de Loynes
t. II. n. 1408. Guillouard. t. II, n. 998.
2. Merlin, *Quest.*, 2ᵉ édit, Vᵒ *hyp.* § 3.
3. Dalloz, *Répert.* 1ʳᵉ édit. Vᵒ *hyp.*, p. 205, n. 20.
4. *Quest.* 90, n. 31.

dat, celui-là l'indemnité ou d'autres conditions. Je
croirais que, pour lors, le mandataire aurait hypothèque du jour de la procuration ; mais je n'admettrais
cette hypothèque que pour les actes de la gestion
qui seraient publics et dont la date serait certaine,
parce que c'est une maxime, en France, qu'il ne
doit pas dépendre de nous de nous faire des hypothèques par des actes sous signature privée : ces
actes n'ont jamais de date à l'égard des tiers. Il faut
que les hypothèques soient avérées ; sans quoi nous
les rejetons, parce que nous préférons le droit public au droit particulier, et que toutes nos lois portent leur attention à ne point souffrir que la foi
publique soit trompée ni même exposée aux fraudes. »

Mais les défenseurs de cette opinion ont fini eux-
mêmes par l'abandonner ; en y réfléchissant, observe
Merlin, on constate que la doctrine de Raviot n'est
qu'une erreur, en tant qu'elle exige des actes publics
pour prouver l'existence de la créance et ne se contente pas d'actes sous seing privé dont la date, sans
être authentique, ne soit pas douteuse (1). On ne
peut davantage invoquer l'article 2.127, car cet article ne concerne que la constitution d'hypothèque, il
est complètement étranger à l'obligation pour sûreté
de laquelle est donnée l'hypothèque, la preuve de

1. Merlin. *Quest.* 5ᵉ édit., vᵒ *hyp.* § 5. nᵒ 1 *in fine* ; Dalloz,
Rép. vᵒ *hyp.* nᵒ 1524.

l'existence de cette obligation demeure tout entière sous l'empire du droit commun. Aussi bien la nécessité d'une quittance notariée aboutirait-elle à une véritable impossibilité, dans l'hypothèse presque constante où l'ouverture de crédit est accompagnée d'un compte courant : il y a alors une série d'opérations « dont les fluctuations continuelles changent à chaque instant la situation des parties : ce sont, d'une part, des avances ou des fournitures qui sont constatées par de simples mentions au débit ; d'une autre part, des versements ou remises qui s'établissent par d'autres mentions au crédit. Dire que dans ce cas, l'hypothèque ne pourra exister et avoir effet qu'à la condition pour le débiteur de prouver sa créance par des actes authentiques..., ce serait tout bonnement poser en principe qu'une stipulation d'hypothèque ne peut pas accéder à la convention d'ouverture de crédit ». La nécessité d'un acte authentique ne serait d'ailleurs d'aucune utilité pour les tiers, car la fixation par la convention du montant du crédit ouvert et là reproduction de cette mention dans l'inscription suffisent pour les avertir et leur permettre d'apprécier la valeur des sûretés qui leur sont offertes (1).

1. Douai, 17 décembre 1855, S. 54.2.279 ; Aix 29 mai 1841. S. 42.2.520 ; D. P, 42.2.55 : Poitiers. 9 janvier 1844. D. P., 44.2,58 ; Gand, 29 juillet 1848. D. P. 48.2,149 ; Troplong.t. II n. 477 et 508 : Pont. t. II. n. 718 et *Rev. crit.* t. XII. p. 205,

Il suit de là que la preuve des avances du banquier peut être faite conformément aux règles générales admises en matière de preuve, c'est-à-dire, si la difficulté s'agite entre commerçants (ce qui est le cas ordinaire), non seulement par acte sous seing privé ayant ou non date certaine, mais aussi au moyen de sa correspondance ou de ses livres de commerce ou encore à l'aide de témoins (1).

Il va de soi néanmoins que si chaque réalisation de crédit n'a pas besoin, comme il vient d'être dit, d'être constatée par un acte authentique, c'est à la condition, encore une fois, que cette réalisation ait lieu dans les termes fixés par l'acte constitutif d'hypothèque ; ainsi par exemple, le banquier qui était déjà créancier d'un de ses clients à raison d'une ouverture de crédit, s'est fait consentir une hypothèque limitée à ses créances à venir, ne peut, par un

n. 7 ; Humblot, *Rev. prat.* t. VII. p. 201 et 202 ; Aubry et Rau t. III, § 265 p. 285 ; Thézard n. 69 ; Laurent, t. XXX, n. 529 et 557 ; Gillard, n. 515 ; Baudry-Lacantinerie et de Loynes, t. II n. 1285 ; Boistel, n. 888 ; Dietz. p. 270 ; Lyon-Caen et Renault, t. IV n. 758 ; Guillouard, t. II. n. 1056. — Telle est aussi la solution consacrée formellement par la loi belge du 16 décembre 1851 : son article 80 dispose que la délivrance des fonds peut être établie par tous les moyens légaux. Delebecque, *Comm. législ.* p. 287 ; Martou, t. III. p. 5 et n. 1024 ; Laurent, t. XXX, n. 557 ; Falloise, n. 160.

1. V. en ce sens les autorités citées, p. 64 note. 1. — Cpr. toutefois Alger, 8 novembre 1870, sous Cass., 25 mars 1871, D. P. 74. 1,516.

simple jeu d'écritures, porter à un nouveau compte
le solde de l'ancien, et le faire ainsi profiter de l'hypothèque, si le consentement du débiteur à ce vire-
ment n'est pas constaté par l'acte authentique qui a
réglé la garantie hypothécaire (1).

1. Cass. 12 avril 1892. D. P. 93,1,505.

Section II. — Sanction de la nécessité d'un acte notarié

Bien que le Code n'en déclare pas expressément la nullité, il est bien certain que l'hypothèque conventionnelle, non consentie par acte notarié, n'est pas valable. Il est de principe, en effet, dans les matières civiles, que même en l'absence d'un texte spécial qui l'édicte, la nullité d'un acte doit être prononcée pour contravention aux règles prescrites par la loi, lorsque cette contravention porte sur des conditions ou des « formalités dont l'accomplissement est indispensable à la réalisation complète du but que le législateur s'est proposé d'atteindre et ne l'entraîne que dans cette supposition » (1). Or, tel est bien comme il sera dit, le caractère de la formalité requise par l'article 2.127 pour la constitution d'hypothèque, lorsqu'il exige que cette constitution ait lieu par acte notarié.

L'hypothèque conventionnelle ne serait donc pas valable si elle était constituée dans un simple acte sous seing privé (2).

1. Aubry et Rau, I, § 37, p. 130.
2. Toulouse 18 décembre 1816, S. et P, chr. Gillard n. 307.

....., ou même dans un acte qui, bien qu'authentique ne serait pas un acte notarié (1).

Spécialement serait nulle l'hypothèque conférée : — soit dans le bordereau d'un agent de change (2), à supposer d'ailleurs (ce qu'il nous parait difficile d'admettre) (3) que ce bordereau puisse être considéré comme un acte authentique, — soit dans le procès-verbal dressé par le juge de paix au bureau de conciliation (4), quoiqu'un tel procès-verbal soit certainement un acte authentique (5). On ajoute parfois (6) à l'appui de cette solution un argument tiré de l'article 54 du Code de procédure civile ; cet article dispose, en effet, dans son dernier alinéa que « les conventions des parties insérées au procès-verbal ont force d'obligation privée ». Ce dernier alinéa n'existait pas, dit-on, dans le projet primitif,

1. Pont. t. II, n. 662 ; Gillard, n. 209 ; Baudry-Lacantinerie et de Loynes, t. II. n. 1409 ; Guillouard, t. II, n. 209

2. Gillard, n. 209.

3. V. pour la négative. Alauzet, *Commentaire du Code de commerce*. t. III, n. 1051 : Boistel, n. 441 ; Lyon-Caen et Renault, t. IV, n. 925, et pour l'affirmative, Bravard et Demangeat, *traité de droit commercial*, t. II, p. 158 ; Lemonnier, *Commentaire des polices d'assurance*, n. 15 et suiv.

4. Rennes, 12 août 1814, Cass. 14 février 1816, S. et P. chr., Pont, t. II. n. 692 ; Gillard, n. 209 ; Baudry-Lacantinerie et de Loynes. t. II. n. 1409 : Guillouard, t. II, n. 999.

5. Garsonnet, *traité théorique et pratique de procédure*. t. II, n. 241, p. 225.

6. Pont, t. II, n. 662 ; Gillard, n. 209 : Baudry-Lacantinerie et de Loynes. t. II, n. 1409 : Guillouard, t. II, n. 799.

on ne l'y a mis que pour empêcher le créancier d'arriver à se procurer ainsi une hypothèque conventionnelle. Mais « c'est là une erreur », dit M. Garsonnet (1), bien que le tribunat ait paru admettre cette explication dans ses observations (2). « La loi n'a pu vouloir prévenir ce danger imaginaire : si l'hypothèque conventionnelle résultait de plein droit de tous les actes authentiques, on aurait pu craindre, en effet, qu'elle ne fût le résultat du procès-verbal de conciliation, mais l'article 2127 du Code civil dispose qu'elle ne peut être constituée que par acte notarié ; par conséquent, le procès-verbal de conciliation eût-il toutes les vertus de l'acte authentique, l'hypothèque conventionnelle n'en pourrait pas résulter ». La vérité, observe M. Garsonnet, c'est que la phrase obscure et mal conformée (3) qui termine l'article 54, a été insérée dans cet article à la demande des notaires de Paris qui craignaient que leur ministère fut moins souvent réclamé si les parties pouvaient, en simulant un procès et une conciliation, obtenir sans frais d'un juge

1. t. II. n. 241, p. 226, note 55.

2. Locré, t. XXI p. 599.

5. La Commission nommée le 8 novembre 1862 par arrêté du garde des sceaux pour préparer la révision du Code de procédure civile, a cependant été d'avis, après discussion, de maintenir le deuxième alinéa de l'article 54 (Rapport de M. Greffier. p. 16).

de paix le titre exécutoire qu'un notaire leur eût fait payer (1).

Il est du reste, bien-entendu que, même lorsqu'elle est consentie dans un acte authentique, l'hypothèque conventionnelle n'est valable que si cet acte est lui-même valable comme acte notarié ; elle serait nulle s'il se trouvait, pour une raison quelconque, privé d'authenticité, puisque l'authenticité est la condition *sine qua non* de la formation du contrat hypothécaire (2).

Serait donc, notamment, sans valeur aucune, l'hypothèque contenue dans un titre nul pour défaut de signature de l'une des parties contractantes (3).

1. V. la séance du Conseil d'Etat du 5 floréal an XIII (Locré t. 21. p, 253) Cpr. ce passage de la même séance : « M. le rapporteur observe que les conventions des parties (en conciliation) doivent valoir comme celles qui sont faites sous seing privé. M. le ministre de la justice dit qu'il est nécessaire de bien expliquer cette intention, attendu que, de droit commun, toute convention faite devant le juge est exécutoire et emporte hypothèque; que cependant on ne peut pas qualifier celles dont il s'agit de conventions sous seing privé ; qu'il faut dire seulement qu'elles n'ont pas des effets plus étendus que ces sortes de conventions ». Le ministre ne peut faire allusion ici qu'à l'hypothèque judiciaire.

2. Nimes, 13 juillet 1808, S. et P. chr., Amiens, 18 novembre 1885, *Gaz. Pal.* 86, 1, 540: Trib. Gray, 29 juin 1887, *Gaz. trib.* du 10 septembre 1887 ; trib. Langres, 31 décembre 1895, *Gazt. trib.* du 15 avril 1896. Persil, sur l'article 2129. n. 7 ; Pont. t. II. n. 664: Gillard, n. 212 ; Baudry-Lacantinerie et de Loynes. t. II. n. 1409.

3. Trib. Gray. 29 juin 1887 précité. Décidé. par application

Il en serait de même si le notaire qui a reçu l'acte y avait un intérêt personnel (1), par ex., s'il était l'un des bénéficiaires de l'hypothèque, alors même qu'il n'aurait stipulé dans cet acte qu'au moyen d'un prête-nom (2) ou sous un nom étranger, un pseudonyme (3).

L'hypothèque ne cesserait pas d'être inefficace, bien que l'acte, nul par suite de l'incompétence ou de l'incapacité du notaire ou pour vice de forme, ait été revêtu de la signature des parties intéressées ; car cette dernière circonstance, aux termes mêmes de l'article 68 de la loi du 25 ventôse an XI et de l'article 1318 du C. civ., n'a d'autre effet que de le faire valoir comme acte sous seing privé (4).

C'est donc à bon droit que, par arrêt du 9 janvier 1877 (5), la Cour de Caen a décidé que le consen-

du même principe, que la stipulation d'hypothèque qui ne se trouve que dans un renvoi non approuvé par les parties, doit être réputée non écrite. Nimes, 15 juillet 1808, précité.

1. Cass. 7 février 1854, D. P. 54, 1. 49 ; Grenoble, 8 juillet 1858, D. P. 59. 2. 85 ; Cass. 4 août 1864, S. 64, 1. 401 ; D. P. 64, 1, 457 ; Paris, 25 mars 1892, D. P. 92, 2, 263. Cpr. Lyon 26 mars 1892, *Mon. jud. Lyon*, du 29 juin 1892.

2. Cass. 27 novembre 1876, *Gaz. nat.*, 1877, n, 158.

3. Aix, 17 août 1844 : Féraud-Giraud, *Jurispr. d'Aix*, v° hypothèque, conv. et jud, n 1.

4. Amiens, 10 novembre 1885 et trib. Langres, 31 décembre 1895 précités. Persil, sur l'article 2127, n. 7 ; Gillard, n. 212 ; Baudry-Lacantinerie et de Loynes, t. II, n. 1409.

5. Rec. arr. Caen et Rouen 1877, 1. 80 ; J. N. art. 21. 890 ; Rev. not. n. 5445.

tement du débiteur à l'hypothèque devait être constaté par le notaire lui-même, et cette constatation n'existant point si ce dernier est absent lorsque la signature du débiteur est apposée sur l'acte, l'inscription prise en vertu d'un tel acte doit être considérée comme inopérante, puisque cet acte ne vaut alors que comme acte sous signature privée.

Il n'est pas contestable, d'ailleurs, que la présence du notaire qui reçoit l'acte, est seule nécessaire pour la validité du contrat hypothécaire ; ce contrat ne figure pas, en effet, au nombre de ceux pour lesquels celle du notaire en second ou des témoins instrumentaires lors de la lecture et de la signature de l'acte est exigée, à peine de nullité, par la loi du 21 juin 1843 (1).

Il n'est pas davantage exigé, pour que l'acte notarié contenant affectation hypothécaire produise effet, qu'il ait été suivi de la formalité de l'enregistrement. La doctrine contraire a bien été proposée au lendemain de la promulgation du Code ; elle invoquait l'article 9 de la loi des 5-19 décembre 1790 sur l'organisation de l'enregistrement : « A défaut d'enregistrement dans les délais fixés, un acte passé devant notaire ne pourra valoir, disait cet article, que comme acte sous seing privé. L'acte ayant reçu la formalité omise acquerra la fixité de la date et l'hypo-

1. Gillard n. 213 ; Baudry-Lacantinerie et de Loynes t. II n. 1409 ; Guillouard. t. II. n. 989.

thèque à compter du jour de l'enregistrement ». Il
résultait, en effet, nécessairement de cet article que
l'obligation constatée par un acte notarié non enre-
gistré, n'était garantie par aucune hypothèque (1).
Or, d'après certains auteurs, cette disposition devait
être considérée comme étant encore en vigueur au
point de vue de l'organisation du régime hypothécaire, l'article 73 de la loi du 22 frimaire an VII
n'ayant abrogé que les dispositions purement fiscales,
sans toucher à celles relatives à la formalité de
l'enregistrement et à ses effets juridiques (1).

Mais, depuis longtemps, cette théorie est complètement abandonnée. Quoiqu'elle dise, en effet, l'article 73 de la loi de frimaire an VII est rédigé en
termes trop généraux pour qu'il soit possible d'en
limiter la portée ; c'est sans faire aucune espèce de
restriction qu'il décide que « toutes les lois rendues
sur les droits d'enregistrement et toutes les dispositions d'autres lois y relatives sont et demeurent abrogées pour l'avenir ». En outre, l'article 33 de la même
loi se contente de condamner à une amende et au
paiement du droit le notaire qui n'a pas fait enre-
gistrer, dans le délai fixé, un acte reçu par lui : à la
différence de l'article 34 relatif aux huissiers, il ne
prononce aucunement la nullité de l'acte. Aussi bien

1. Cass. 7 décembre 1807, S. et P. chr. ; Bourges, 17 mai
1827. S. et P. chr.

la disposition de l'article 9 précité de la loi des 5-19 décembre 1790 a-t-elle perdu aujourd'hui toute sa raison d'être ; elle se comprenait sous l'empire d'une législation dans laquelle le rang des hypothèques se déterminait par la date même des contrats ; elle ne s'expliquerait plus de nos jours où l'ordre des préférences entre créanciers se règle d'après l'ordre des inscriptions (1).

Mais ne faut-il pas que l'acte notarié contenant constitution d'hypothèque soit, pour être valable, rédigé en minute ? L'affirmative a été enseignée. La loi du 25 ventôse an XI, disent ses partisans, pose en effet, comme règle dans ses articles 20 et 68, que tous les actes notariés doivent être passés en minute sous peine de nullité; sans doute, l'article 20 ajoute : « Ne sont néanmoins compris dans cette disposition les certificats de vie, procurations et autres actes simples qui, d'après les lois, peuvent être délivrés en brevet ». Or, d'une part, l'hypothèque n'est certes pas un acte simple, c'est un acte grave, l'un des plus importants de la vie civile ; d'autre part, il n'y

<hr>

1. Cass. 25 janvier 1810. S. et P. chr. ; Bourges, 17 mai 1827 précité ; Toulouse, 12 décembre 1855, S. 56, 2, 450 ; D. P. 56, 2, 95 : Rolland de Villargues, Rép. v° hyp. n. 16 ; Encycl. not. v° hyp. n. 542 et 543 ; Dict. enregt. v° actes n. 55 ; Troplong, t. II, n. 507 ; Pont, t. II, n. 664 ; Aubry et Rau, t. III § 265 p. 274 texte et note 17 ; Laurent, t. XXX n. 455 ; Gillard, n. 227 ; Baudry-Lacantinerie et de Loynes, t. II n. 1410 ; Guillouard, t. II, n. 990.

a pas de loi qui autorise à le recevoir en brevet. C'est en vain en effet, qu'on voudrait arguer des mots « original en brevet » contenus dans l'article 2148 C. civ. : si le législateur avait voulu permettre que les hypothèques fussent constituées au moyen d'actes en brevet, il aurait pris soin de le dire au siège de la matière, c'est-à-dire dans l'article 2127 dont la disposition a pour objet spécial et unique de déterminer la forme de l'acte hypothécaire, et non dans l'article 2148 où il ne s'agit que de régler les conditions de l'inscription. Ce dernier article est, au reste, rédigé d'une manière trop incorrecte et trop défectueuse pour qu'on puisse y voir, de façon certaine, l'intention de faire brèche au principe général que tous les actes doivent être reçus en minute ; c'est ainsi notamment que l'expression « *original en brevet* » sur laquelle on s'appuie, se rapporte tout aussi bien, d'après la contexture de la phrase, au jugement qu'à l'acte conventionnel, et cependant il est bien certain qu'un jugement ne peut jamais être en brevet.

Cette opinion ne nous paraît pas, dans l'état actuel de notre législation, pouvoir être adoptée. Il est bien vrai que la constitution d'hypothèque est un acte d'une gravité considérable, et qu'à ce titre, on comprendrait qu'il ne pût légalement être rédigé

1. Duranton, t. XIX, n. 557 et t. XX n. 98 ; Boileux sur l'article 2127 ; Ed. Clerc, tr. du not. t. II n. 1775.

qu'en minute. C'est en effet ce qu'avaient demandé quelques Facultés lors des projets de réforme de 1841 (1). Mais la question n'est pas là ; elle est de savoir s'il y a, dans les lois existantes, un texte qui permette de dresser en brevet seulement l'acte contenant une convention d'hypothèque. Or, ce texte existe, c'est l'article 2148 dont la disposition est ainsi conçue : « Pour opérer l'inscription, le créancier représente au conservateur des hypothèques *l'original en brevet* ou une expédition authentique du jugement ou de l'acte qui donne naissance au privilège ou à l'hypothèque ». Or, ainsi que le reconnaissent eux-mêmes les défenseurs de la théorie que nous combattons, les jugements sont toujours rédigés en minute ; les mots « original en brevet » n'auraient donc aucune portée si on refusait de les appliquer aux actes notariés constitutifs d'hypothèque conventionnelle (2). Les efforts qu'on fait pour écarter l'article 2148 du débat sont absolument vains, car il est impossible de faire abstraction d'une dispo-

1. Doc. hyp. t. III, p. 297 et 299. On était tombé d'accord, au contraire, dans les discussions de 1841 sur le régime hypothécaire, pour déclarer dans la loi que les obligations notariées, contenant ou non constitution d'hypothèque, *pourraient* être passées en brevet (V. l'article 2117 du projet préparé pour la 3ᵉ délibération).

2. Les auteurs de la loi belge du 16 décembre 1851 n'ont pas reproduit les mots *original en brevet* ; il n'y a donc plus, dit M. Laurent t. XXX n. 452, de loi qui permette de recevoir l'acte d'hypothèque en brevet.

sition de loi, de la supprimer, sous le seul prétexte
qu'elle n'est pas à sa place ou que l'article qui la
renferme n'est pas rédigé d'une façon correcte, alors
d'ailleurs qu'elle est suffisamment claire. Compren-
drait-on, au reste, que le législateur ait autorisé dans
l'article 2148 l'inscription d'une hypothèque que,
dans l'article 2127, c'est-à-dire quelques numéros
auparavant, il aurait déclarée nulle ? Observons enfin
qu'il importe.peu aux tiers qu'il ne reste pas minute
de l'acte au moyen duquel l'hypothèque conventionnelle a été constituée ; si des risques peuvent résulter de ce mode de procéder, c'est uniquement le
bénéficiaire de l'hypothèque ainsi constituée qui en
court la chance, ce qui leur est complétement indifférent ; les registres du conservateur leur en disent
tout autant sur l'inscription résultant d'un acte
authentique en brevet que sur celle résultant d'un
acte authentique dont il restera minute ; ils pourront
toujours, d'ailleurs, exiger, avant d'en accepter les
effets, la production de l'original en brevet en vertu
duquel aurait été prise l'inscription dont le bénéficiaire voudrait se prévaloir à leur égard.

Le plus grand nombre des auteurs enseignent (1)

1. *Encycl. not.*, V° hyp. n. 524; *Dict. not.*, V° Brevet, n° 62;
Rolland de Villargues, *Rép. not.*, V° Brevet (acte en), n. 11
et 12; Sebire et Carteret, V° Brevet, n. 11 ; Taulier, t. VII,
p. 261 ; Pont, t. II, n. 665 et 942 ; Lyon-Caen, note dans
S. 71, 2, 105 ; Aubry et Rau, t. III, § 256, p. 275, texte et

ce second système, en faveur duquel s'est également prononcé le seul arrêt (1) qui paraisse avoir été rendu sur la matière. La pratique est, du reste, depuis longtemps fixée en ce sens.

Reste maintenant, pour en terminer avec la sanction de l'article 2127, à déterminer quelles personnes peuvent se prévaloir de la nullité de l'hypothèque conventionnelle non consentie dans un acte notarié valable et dans quelle mesure cette nullité est susceptible de se couvrir. Ces deux questions doivent être examinées séparément (2).

La première ne parait pas avoir préoccupé ni les auteurs, ni la jurisprudence. Il ne nous semble pas douteux toutefois que le constituant doive être, sans difficulté aucune, autorisé à poursuivre la nullité

note 46 ; Gillard, n. 214 ; Baudry-Lacantinerie et de Loynes, t II, n. 1411 ; Guillouard, t II, n. 989.

1. Alger, 7 mai 1870, Pand. fr. chr. V, 2, 14 ; S. 71, 2, 105 ; D. P. 71, 2, 1.

2. Nous ne croyons pas, en effet, que, comme l'enseigne M. Planiol (*Traité élémentaire du droit civil*, t. I, n. 317 et suiv.), la nullité qui peut être invoquée par tout le monde doive en même temps et nécessairement, être considérée comme non susceptible de se couvrir par l'effet de la confirmation, et réciproquement. Sur ce point, nous sommes, au contraire, de l'avis de MM. Aubry et Rau t. I, § 57, p. 121 et t. IV, § 559, p. 265) qui n'établissent pas un lien absolu entre les deux questions. Nous reconnaissons, d'ailleurs, avec le premier de ces auteurs, que rien n'est plus confus et plus incertain que la doctrine des jurisconsultes sur cette difficile matière des actes inexistants, nuls et annulables.

de l'hypothèque constituée au mépris des prescriptions de notre article : n'est-ce pas, en effet, surtout dans son intérêt que sont édictées ces prescriptions (1).

Quant au créancier, la difficulté ne peut guère
s'élever à son égard ; l'idée ne lui viendra jamais
d'attaquer un acte qui lui profite exclusivement.

Les tiers, c'est-à-dire en particulier les autres
créanciers du constituant, ont, au contraire, un grand
intérêt, lorsqu'une inscription a été prise en vertu
d'un acte sous seing privé, à faire annuler cette
inscription pour ce motif. Ils peuvent, sans doute,
agir à cet effet du chef de leur débiteur, en exerçant
ses droits conformément à l'article 1166 C. civ.
Mais faut-il, en outre, leur reconnaître un droit
propre à cet égard ?

L'affirmative s'impose à ceux qui, appliquant à
la lettre l'ancienne maxime « *forma dat esse rei* »,
considèrent comme inexistant l'acte solennel, qui a
été passé sans les formalités requises (2). Ce contrat hypothécaire est, en effet, comme on l'a vu, un
contrat solennel

---

1. Nîmes, 28 octobre 1886. *Bull. arr. Nîmes* 1887, p. 29.
C'est par pure inadvertance, évidemment, que M. Gillard,
tout en partant de la même idée, lui refuse ce droit (n. 251).

2. Laurent, t. XXX, n. 157, V. aussi Trib. Lourdes, 16 juin
1891, S. 93, 2, 125.

La même solution s'impose pareillement à ceux qui, comme nous, voient dans les actes solennels. dépourvus de la solennité prescrite, non pas sans doute des actes inexistants mais tout au moins des actes frappés d'une nullité absolue (1) : ce ne sont point des actes inexistants, car un acte n'est inexistant que « lorsqu'il lui manque un élément essentiel à sa formation et tel qu'on ne puisse pas concevoir l'acte en l'absence de cet élément » (2); or, les actes solennels se conçoivent très bien sans la forme exigée par la loi ; ainsi en est-il en particulier du contrat hypothécaire qui. avons-nous vu, s'est fait à Rome et aussi dans notre ancien droit par le seul consentement. Mais, ajoutons-nous, ces actes doivent être réputés frappés au moins d'une nullité absolue et non pas simplement d'une nullité relative, car les formalités auxquelles ils sont astreints ne procèdent pas simplement d'une pensée de protection pour l'une des parties. C'est ainsi par exemple, toujours en ce qui concerne le contrat hypothécaire, que l'intervention du notaire n'a pas seulement pour but de protéger le constituant ; elle a aussi pour objet de prévenir les procès en vérification d'écritures que susciterait certainement un simple acte sous seing privé.

1. Aubry et Rau, t. I, § 57, p. 121 ; Planiol, t. 1, n. 550.
2. Planiol. t. 1, n. 546.

Quelques auteurs sont toutefois d'avis contraire sur ce dernier point, et estiment que la nullité dont s'agit ici n'est que relative (1) ; elle tient simplement, disent-ils, à ce que le consentement du constituant a été donné d'une façon défectueuse ; la conséquence logique, semble-il, c'est qu'aucun autre que lui-même ne peut s'en prévaloir.

Abordons maintenant notre seconde question : l'hypothèque nulle pour violation de l'article 2127 peut-elle être confirmée ? La négative est certaine pour ceux qui considèrent cette hypothèque comme inexistante (2) « on ne confirme pas le néant ». C'est d'ailleurs ce que dit expressément l'article 1339 en ce qui concerne la donation nulle pour défaut de solennité : « Le donateur ne peut réparer par aucun acte confirmatif les vices d'une donation entre vifs ; nulle en la forme, il faut qu'elle soit refaite en la forme légale ». Et la disposition de cet article n'est pas spéciale à la donation, elle doit être étendue à tous les autres contrats solennels, par conséquent à la constitution d'hypothèque (3).

Ceux pour lesquels l'hypothèque non constituée par acte notarié valable est simplement nulle de

1. Labbé, note dans S. 81, 1, 442 : Gillard, n. 250 et suiv.

2. Trib. Lourdes, 16 juin 1891, précité ; Laurent, t. XXX, n. 457.

3. Laurent, t. XVIII, n. 591. — Cpr. Demolombe, t. XXIX, n. 751 ; Larombière, t. IV, art. 1339 et 1340, n. 18 ; Marcadé, t. V, p. 102.

nullité relative, doivent, au contraire, aboutir tout naturellement à la conclusion inverse (1) ; comment cette nullité persisterait-elle, en effet, dès lors que, par hypothèse, l'irrégularité d'où elle provient, a disparu par l'effet d'une confirmation émanée de celui-là seul qui pouvait l'invoquer ?

Quant à ceux d'après lesquels la nullité est absolue, les uns décident qu'aucune confirmation n'est possible, sous ce rapport ils assimilent pleinement les actes frappés d'une telle nullité aux actes inexistants (2) ; les autres admettent, au contraire, que ces actes sont susceptibles d'être confirmés, aussi bien que s'ils n'étaient nuls que relativement (3).

Cette dernière opinion, qui est aussi consacrée par les arrêts (4), nous paraît être la seule exacte ; comme le disent en effet les partisans de la nullité relative, il n'y a point de raison de continuer à déclarer inopérants les contrats même non solennels

1. Labbé note dans S. 81. 1, 442 ; Gillard. n. 250 et suiv.
2. Planiol, t, I. n. 520 et 550.
3. Aubry et Rau, t. III. § 557, p. 265.
4. La question s'est présentée en pratique dans le cas où l'hypothèque ayant été consentie en vertu d'un mandat sous seing privé, le débiteur venait ensuite à la confirmer par acte authentique. La jurisprudence a toujours ou à peu près, admis la légalité de cette confirmation V. notamment Rouen, 31 juillet 1851, S. 51. 2. 698 ; D. P. 52, 2. 222 : Cass., 7 février 1854, Pand. P. chr.. 5, 1, 246 ; S. 54, 1. 522 ; D. P. 54, 1, 49 : Pau, 16 mars 1892. S. 95, 2. 12 : Martou, t. III, n. 985 ; Guillouard. t. II. n. 1009. V. aussi, Paris 15 décembre 1830, S. et P. chr.

du jour où, par un acte confirmatif, il a été suppléé
au défaut de solennité originel. Pourquoi, en particulier, la constitution d'hypothèque, non consentie
par acte notarié valable, serait-elle encore sans effet
après que le consentement du constituant a été enfin
fourni par acte notarié ? Les deux motifs qui justi-
fient l'authenticité prescrite par l'article 2127 ont
alors satisfaction : l'officier ministériel est intervenu
qui a pu éclairer le débiteur sur les conséquences de
l'acte confirmatif par lui accompli ; il n'y a point,
non plus, à redouter des dénégations d'écritures de
nature à compliquer ensuite la procédure d'ordre.
Vainement objecte-t-on la disposition de l'article
1339 C. civ. : il résulte des explications données au
Tribunat par Joubert (1) que cet article doit être
restreint aux donations, toutes les nullités pouvant
en principe, a-t-il déclaré, se couvrir par la confirmation.

Mais les arguments mêmes que nous venons de développer à l'appui de ce système indiquent qu'à notre
avis, un acte confirmatif sous seing privé ne serait
pas suffisant : un acte notarié est absolument indispensable ; autrement la confirmation serait infestée
de la même nullité que l'acte qu'elle avait pour objet

1. Rapport au Tribunat. Locré, t. XII, p. 525. V. aussi
Aubry et Rau, t. IV, § 557, p. 264, note 12 et Duranton, t. XIII
272, n. 24.

de rendre efficace (1). Il est de règle, d'ailleurs, que
la nullité résultant de l'inobservation des formes exigées pour garantir la liberté et l'indépendance des
parties, ne peut se couvrir que par un acte revêtu de
ces mêmes formes (2).

Il n'est pas, du reste, besoin que la volonté de
confirmer soit exprimée, dans l'acte notarié, en termes sacramentels ; il suffit qu'elle soit implicite (3).

Sans doute. cette volonté ne devrait pas être réputée résulter simplement de ce que le constituant aurait déclaré, dans un acte notarié postérieur à la
constitution d'hypothèque irrégulière, proroger la durée du prêt garanti par cette constitution (4).

Mais que décider dans le cas où la convention
d'hypothèque ayant été constatée par acte sous seing
privé, cet acte est ensuite reconnu devant un notaire
par les parties ou déposé par elles entre ses mains ?
Une première hypothèse ne souffre aucune difficulté,
c'est celle où l'acte de reconnaissance ou de dépôt,

1. Paris. 5 juillet 1877, S. 77. 2, 295 ; D. P. 77, 2, 167 :
Orléans, 11 mai 1882, D. P. 85, 5. 288-289 ; Dijon, 28 avril
1888, *Journ. cons. hyp.* 1888. p. 285 ; Labbé note dans S. 81,
1. 441. — V. toutefois, Douai, 11 juillet 1888. *Le Droit* du 17
novembre 1888 ; Gillard, n. 241.

2. Aubry et Rau. t. IV, § 337, p. 267.

3. Cpr., Pau, 10 mars 1892. précité.

4. Cass.. 4 août 1864, S. 64. 1, 401 ; D. P. 64, 1. 457. —
Il en serait ainsi surtout si l'acte de prorogation énonçait formellement que les parties n'ont entendu faire ni novation ni
dérogation à l'acte primitif.

dressé par l'officier ministériel, relate, dans tous ses détails, la convention d'hypothèque ; c'est alors véritablement un acte constitutif, dont l'efficacité ne saurait être douteuse (1).

L'hésitation est possible, au contraire, lorsque l'acte dressé par le notaire se contente de constater la reconnaissance ou le dépôt au rang des minutes du notaire ? Un premier système enseigne qu'un tel acte ne saurait produire hypothèque ; il n'est pas alors, en effet, dit-on, satisfait au but poursuivi par l'article 2127, la loi ayant voulu, par cet article, que le constituant soit conseillé au moment même où il consent l'hypothèque (2).

A cette objection on répond, dans un deuxième système, qu'il est toujours loisible au notaire, avant de constater authentiquement le dépôt, d'attirer l'attention du constituant sur la gravité et les conséquences de l'hypothèque par lui consentie : « Sans doute, s'il arrive que, sur les conseils du notaire, le débiteur renonce à effectuer le dépôt, c'est-à-dire à revêtir son consentement de la forme authentique, il se trouvera dans la fâcheuse alternative ou de rembourser immédiatement le créancier ou de se voir

1. Cass., 25 février, 1824, S. et P. chr. ; Aubry et Rau, t. III, § 265, note 45 ; Baudry-Lacantinerie et de Loynes, t. II, n. 2412.

2. Delvincourt, t. III, p. 159 ; Bugnet sur Pothier, *De l'hyp.*, n. 19 ; Colmet de Santerre, t. IX, n. 94 *bis*, IV.

condamner par un jugement entrainant hypothèque
sur tous ses biens, ce qui aurait pu être évité si le
notaire l'avait assisté lors de la convention ; mais,
si c'était là une raison péremptoire, on ne comprendrait pas que la simple promesse de constituer hypothèque ne fût pas assujettie, pour sa validité, à la
forme notariée » (1). Or, nous avons vu qu'il n'en
est pas ainsi. Le premier des motifs donnés d'ordinaire
aujourd'hui pour expliquer l'article 2127 reçoit donc,
quoi qu'on dise, suffisante satisfaction par suite du
dépôt de l'acte sous seing privé dans l'étude d'un
notaire ; il en est de même en ce qui concerne le
second des motifs allégués pour justifier cet article,
à savoir le désir de prévenir les procès en vérification
d'écritures, puisqu'en opérant le dépôt, le constituant
se trouve ainsi reconnaitre sa signature sinon
expressément au moins tacitement. Faut-il observer,
en outre, que la théorie soutenue par ce deuxième
système l'avait déjà emporté dans l'ancien droit où
la question avait été également soulevée ? Voici
comment Pothier s'exprimait sur ce point (2) : « Les
actes sous seing privé, lorsqu'ils sont déposés chez
un notaire et reconnus par les parties qui les ont
souscrits, produisent hypothèque du jour de l'acte
de reconnaissance qu'en dresse le notaire ; car,

1. Gillard. n. 228.
2. De l'hyp. n. 19. — V. aussi Pothier, Coutume d'Orléans,
introd. au titre XX. n. 15 ; Basnage, des hyp. ch, XII.

quoique les actes sous signature privée ne soient
pas eux-mêmes munis d'aucune autorité publique
qui puisse produire l'hypothèque, ils le deviennent
par l'acte de reconnaissance qui en est faite par devant notaire ». Et les travaux préparatoires du Code
civil montrent qu'à cet égard, le législateur de 1804
a entendu suivre les traditions de l'ancienne jurisprudence. M. Duchâtel ayant, en effet, demandé dans
la séance du conseil d'État du 5 ventôse an XII (1)
« qu'on attribue à la reconnaissance de la signature,
lorsqu'elle est faite devant notaire, la même force que
lorsqu'elle est faite en jugement », M. Bertier répondit qu'il n'y avait point de motif d'adopter cette
proposition, attendu, déclara-t-il, que « s'il s'agit
d'un titre sous seing privé que toutes les parties intéressées aient porté à un notaire pour lui donner la
forme authentique par la transcription, l'annexe ou
une nouvelle rédaction, l'article en discussion suffit ;
car l'acte notarié donne ouverture à l'hypothèque, et
dès ce moment, elle peut être acquise en observant
les formalités prescrites par la loi ». C'est aussi ce
que M. Treilhard fit observer de son côté : « Les actes sous seing privé, ainsi reconnus, deviennent des
actes devant notaire, pourvu que la reconnaissance
ait lieu de la part de ceux contre lesquels ils font
preuve ; seulement, s'ils n'étaient déposés que par

1. Fenet, t. XV, p. 560 ; Locré, t. XVI, p. 292.

une des parties à moins que ce ne fût le débiteur. la reconnaissance ne serait pas complète ». Ainsi donc, si l'amendement proposé par M. Duchâtel à l'article 2127 a été écarté, ce n'est point comme opposé au principe de cet article. C'est, au contraire, comme surabondant et inutile, « en ce que le texte même dudit article, étendu à ses conséquences logiques, répondait à la proposition ». Il est donc vrai de dire encore aujourd'hui, comme du temps de Pothier, que le simple dépôt, au rang des minutes d'un notaire, d'un acte sous seing privé contenant constitution d'hypothèque, suffit pour assurer tout son effet à cette constitution, alors même qu'elle ne serait point reproduite dans cet acte de dépôt. La jurisprudence est, d'ailleurs, fixée en ce sens (1), et c'est aussi l'opinion communément admise par les auteurs (2).

1. Cass., 6 avril 1809, S. et P. chr. ; Cass., 11 juillet 1815. S. et P. chr ; Cass., 25 février 1824, S. et P. chr. ; Cass., 15 février 1852, S. 521, 7, 90; D. P. 52, 1, 194 ; Douai, 24 août 1852, jurisp. Douai, 1852, p. 205 ; Douai, 20 décembre 1852, jurisp. Douai, 1855, p. 85 ; Paris, 5 décembre 1885, D. P. 87, 2, 55 ; Cass., 5 décembre 1889, S. 91, 1, 125 ; D. P. 90. 1, 105 ; Pau, 16 mars 1892, S. 93, 2, 125 ; Cass., 29 janvier 1895. Pand. fr. pér., 96, 1, 50 ; V. aussi Paris, 5 décembre 1887, D. P. 89, 2, 185 ; Cass., 18 juillet 1887, Pand. fr. pér, 90, 7, 72.

2. Merlin, *Rép.* v° *hyp.*, sect. II, § 3, art. 6 ; Grenier, t. 1, n. 67 et 68 ; Persil, t. I, sur l'art. 2127, n. 4 ; Duranton, t. XIX, n. 561 ; Troplong, t. II, n. 501 ; Taulier, t. VII, p. 259 ; Pont, t. II, n. 661, Aubry et Rau, t. III, § 266, p. 273 ; Larombière, *Des obligations*, t. V, sur l'article 1317, n. 40 ; Thézard.

De qui doit émaner le dépôt pour produire un tel résultat ? Les auteurs suivant lesquels le contrat hypothécaire n'est valable que si l'acceptation du créancier est manifestée par acte notarié, doivent évidemment exiger que ce dépôt soit opéré par les deux parties.

Quant à nous, puisque le consentement du débiteur devant notaire nous parait seul exigé par la validité de l'hypothèque conventionnelle, nous sommes, au contraire, amenés à conclure qu'il est suffisant que le dépôt soit effectué par le débiteur seul. C'est d'ailleurs ce que disait Treilhard dans le passage ci-dessus rapporté des travaux préparatoires (1).

Mais en il serait autrement, dirons-nous encore avec Treilhard, du dépôt fait par le créancier seul ; on ne peut dire, en effet, en pareil cas. que l'hypothèque a été *consentie* en la forme authentique ; il faut au moins, pour qu'il soit efficace, que le dépôt soit opéré par celui dont la volonté a besoin d'être authentiquement constatée pour donner naissance à l'hypothèque, c'est-à-dire par le débiteur (2).

n. 58-4° ; Gillard, n. 228 ; Baudry-Lacantinerie et de Loynes, t. II, § 412 ; Guillouard, t. II, n. 995.

1. V. également en ce sens Cass., 11 juillet 1815 et 25 février 1824, précités ; Duranton, t. XIX, n. 361 ; Troplong, t. II, n. 506 ; Pont, t II, n. 661 ; Aubry et Rau, t. III, § 266, n. 43 ; Gillard, n. 228 ; Baudry-Lacantinerie et de Loynes, t. II, n. 1417 ; Guillouard, t. II, n. 996.

2. Metz, 24 mars 1819, S. et P. chr. ; Pont, t. II, n. 661 ;

Le dépôt fait par le créancier seul ne serait opérant que si le créancier avait agi, en l'effectuant, comme mandataire du débiteur. Encore faudrait-il par application du principe que nous venons de poser, et comme conséquence de la doctrine généralement admise sur la forme du mandat à l'effet de constituer hypothèque que la procuration ainsi donnée par le débiteur au créancier soit établie par acte notarié : sans cela, en effet, le consentement du débiteur n'aurait pas été fourni suivant les formes légalement requises, et, par suite, il serait inefficace (1).

Une dernière difficulté reste à résoudre : la confirmation soit expresse, soit tacite, de la convention d'hypothèque nulle pour violation de l'article 2127 C. civ., a-t-elle pour effet de valider rétroactivement cette convention à compter du jour même où elle avait été consentie ? La question ne présente d'intérêt que par rapport aux tiers ; elle se ramène à rechercher si l'inscription prise avant l'acte confirmatif est opposable aux autres créanciers.

Aubry et Rau, t. III, § 266, p. 275, texte et note 44 ; Gillard, n. 228 ; Baudry-Lacantinerie et de Loynes, t. II, n. 1412 ; Guillouard, t. II, n. 996.

1. Cass. 4 août 1864, S. 64.1.401 ; D. P. 64,1.457 ; Pont, t. II, n. 661 ; Aubry et Rau, t. III, § 266, note 44 ; Baudry-Lacantinerie et de Loynes, t. II, n. 1412 — mais v. en sens contraire, Caen, 22 juin 1824, S. et P. chr. ; Pau, 16 mars 1892, S. 93.2.125 ; Troplong, t. II, n. 506 ; Gillard, n. 240. Cpr. Cass., 18 juillet 1887, Pand. fr. pér. 90.7.72.

La négative ne parait pas douteuse à l'égard de ceux de ces créanciers qui seraient eux-mêmes inscrits avant cet acte confirmatif ; il y aurait alors, dans ce cas, droit acquis au profit de ces créanciers, et l'article 1338, C. civ. déclare expressément que la confirmation ne peut préjudicier aux droits des tiers (1).

Mais la même solution ne doit-elle pas être donnée également dans l'hypothèse où aucune inscription n'aurait été prise par les tiers avant ledit acte confirmatif ? Une controverse des plus délicates s'est élevée sur ce point.

Quelques auteurs (2) ont enseigné qu'en semblable occurrence, la convention d'hypothèque, nulle pour vice de forme, doit être considérée comme validée rétroactivement même vis-à-vis des tiers, de telle sorte que l'inscription, opérée en vertu de cette convention antérieurement à la confirmation, leur est opposable sans avoir besoin d'être renouvelée. Il ne faut pas, dit M. Labbé, s'inquiéter outre mesure des tiers qui, voyant, d'après la teneur même de l'inscription, l'absence des formalités requises, se croiraient fondés à tenir pour non avenue l'inscription : « Une inscription prise est un avertissement donné aux tiers. Si l'acte sur lequel repose l'inscription est annulable et susceptible de confirmation, les tiers

1. Pau, 16 mars 1892. S. 95. 2.125 ; Gillard, n. 250.
2. Labbé, note dans S. 81.1.441 : Gillard, n. 250.

qui savent que la confirmation est possible doivent
s'y attendre et aller aux renseignements. Car la confirmation est valable indépendamment de toute publicité nouvelle ». Il est vrai qu'aux termes de l'article 1338, la confirmation ne peut produire effet
que « sans préjudice du droit des tiers », mais, par
cette formule, le législateur n'a pu vouloir réserver les
droits des tiers que dans les termes où ceux-ci les
ont acquis.

Cette théorie a été consacrée par deux arrêts, l'un
de la Cour de Paris (1), l'autre de la Cour de
Pau (2) ; mais la Cour de cassation (3) n'a pas hésité
à la repousser, dans une espèce où, l'hypothèque
étant nulle pour avoir été consentie par un mandataire sous seing privé, le mandant l'avait ensuite
ratifiée par acte notarié.

Nous ne pouvons qu'approuver cette décision de
la Cour suprême. Deux raisons préremptoires, qui
répondent respectivement à l'argumentation de l'opinion contraire, nous paraissent pouvoir être invoquées en ce sens. L'une est de pur fait : les tiers,
avisés par la première inscription de la nullité de
l'hypothèque qu'elle avait pour objet de conserver,
ont pu et dû légitimement tenir compte de cette

1. 15 décembre 1830. S. et P. chr.
2. 16 mars 1892 précité.
3. Cass. 7 février 1854. Pand. fr. pér. III. 1.246. S. 54.1.
522 : D. P. 54.1.49. — V. aussi Riom 31 juillet 1851. S. 51,
2.698 : D. P. 52.2.222.

nullité, ils n'ont traité avec le constituant que parce
qu'ils savaient cette hypothèque ne pouvoir leur être
opposée, il serait donc injuste de modifier à leur détriment, au moyen d'un acte postérieur, la situation
qui existait lors de la naissance de leur droit. La
seconde raison est de droit : elle s'appuie sur la règle, toute d'équité d'ailleurs. consacrée par l'article 1338 *in fine*, à savoir que la ratification d'un
acte ne peut jamais avoir lieu que sous la réserve des
droits des tiers. Nos adversaires tentent inutilement,
pour écarter ce texte en notre matière, d'objecter
qu'il ne s'applique qu'aux droits acquis : cela est vrai
en effet ; mais n'est-il pas, précisément, évident que
les tiers dont le droit est né après l'acte irrégulier et
avant sa confirmation, ont un droit acquis auquel
aucune atteinte ne peut, en conséquence, être ap-
portée par cette confirmation ? (1)

1. V. aussi en ce sens Martou. t. 3, n. 985 ; Guillouard t. II
n. 1007, et les conclusions *in fine*. de M. l'avocat général
Desjardins sous l'arrêt de cassation du 23 décembre 1885, dans
S. 86, 1, 145 ; D. P. 86, 1, 97.

CHAPITRE II

CAS EXCEPTIONNELS DANS LESQUELS UN ACTE NOTARIÉ
N'EST PAS NÉCESSAIRE POUR LA CONSTITUTION
D'UNE HYPOTHÈQUE.

Au dire de certains auteurs, il existerait actuellement cinq exceptions à la règle d'après laquelle un
contrat hypothécaire n'est valable que s'il est reçu
par devant notaire ; en suivant l'ordre chronologi-
que de leur apparition, elles seraient relatives : la
première, aux stipulations d'hypothèque contenues
dans les baux ou marchés conclus par l'Etat ; la
seconde, à certaines conventions d'hypothèque passées à l'étranger ; la troisième, à l'hypothèque des
navires ; la quatrième, aux hypothèques constituées
par les sociétés commerciales ; la cinquième, à
l'hypothèque des fonds de commerce. On pourrait
peut-être même en ajouter une sixième concernant
les warrants agricoles, la remise de l'un de ces
warrants n'étant pas autre chose, pourrait-on dire,
qu'une véritable constitution d'hypothèque.

Avant d'aborder l'étude spéciale de chacune

d'elles, il n'est pas sans intérêt de constater qu'aucune n'est inscrite dans le Code civil. Elles sont loin, d'ailleurs, d'avoir la même étendue : c'est ainsi verrons-nous, que la quatrième, c'est-à-dire celle concernant les hypothèques émanées de sociétés commerciales, n'a pour effet d'écarter que l'une des conséquences tirées par la jurisprudence de l'article 2127; elle ne porte aucune atteinte au principe même de cet article qui continue, par suite, à subsister dans toutes ses autres applications.

Section I. — Stipulation d'hypothèque contenue
dans un bail ou marché conclu par l'Etat.

Cette première exception est l'objet d'une vive controverse. C'est en effet une question des plus délicates que de savoir si les deux textes dont elle résulte, doivent, ou non, être réputés en vigueur encore aujourd'hui.

Ces textes datent de l'époque du droit intermédiaire. Le premier fait partie de la loi des 23 et 28 octobre, 5 novembre 1790 relative à la vente et l'admiministration des biens nationaux (1); le titre II de cette loi contient effectivement un article 14 ainsi conçu : « Le ministère des notaires ne sera nullement nécessaire pour la passation des dits baux (à savoir les baux ayant pour objet des biens nationaux), ni pour tous les autres actes d'administration. Ces actes ainsi que les baux seront sujets au contrôle et ils *emporteront hypothèque* et exécution privée. La minute sera signée par les parties qui sauront signer. et par les membres présents du Directoire, ainsi que

1. Par biens nationaux, il fallait entendre, aux termes mêmes de l'article 1er du titre premier de cette loi : 1° tous les biens des domaines de la couronne ; 2° tous les biens des apanages ; 3° tous les biens du clergé ; 4° tous les biens des séminaires diocésains.

par l'écrivain qui signera seul l'expédition ». Le second texte est l'article 4 de la loi du 4 mars 1793, destinée à régler « les formes à suivre pour contraindre les entrepreneurs et fournisseurs qui ont passé des marchés avec les agents de l'Etat à exécuter leurs engagements »; cet article est rédigé comme suit : « Quoique les marchés soient passés par des actes sous signatures privées, la nation aura néanmoins hypothèque sur les immeubles appartenant aux fournisseurs et à leurs cautions, à compter du jour où les ministres auront accepté les marchés ».

L'abrogation spéciale de ces textes n'a été prononcée ni par la loi du 11 brumaire an VII, ni par le Code civil. On a prétendu, en conséquence, qu'ils doivent de nos jours encore recevoir leur complète application ; que, par suite, les baux des biens nationaux et les marchés passés par les ministres doivent être considérés comme emportant de plein droit hypothèque (1).

Mais cette opinion n'a point prévalu (2). Toutefois ses adversaires ne s'entendent point sur les

1. Paris, 6 missidor an X, S. et P. chr.; Paris, 29 mars 1830, S. 30, 2, 251.

2. Cass. 26 mars 1806, S. et P. chr.; Favard de Langlade, *Rép.* V° Louage, sect. 1, § 4. n. 2 ; Aubry et Rau, t. III, § 266, note 55 ; Troplong, V. 2. n. 585 *bis* ; Pont, t.II, n. 665 ; Laurent, t. XXX, n. 456 ; Ducrocq, *Dr. adm.* t. I, n. 555, 571, 572 ; Gillard, n. 510 ; Baudry-Lacantinerie et de Loynes, t.II. n. 418 ; Guillouard, t. II, n. 1010.

motifs qu'il convient d'invoquer pour la réfuter. Les uns (1) s'appuient sur l'article 56 de la loi du 11 brumaire an VII, lequel abroge, d'une manière générale et absolue, toutes les *lois*, coutumes et usages antérieures sur les *constitutions d'hypothèques* sans distinguer si ces lois étaient générales ou spéciales (2) ; ils en concluent que rien ne subsiste plus, au point de vue hypothécaire, des dispositions précitées des lois des 28 octobre 1790 et 4 mars 1793 ; de telle sorte que les actes administratifs visés par ces dispositions non seulement n'engendrent plus d'hypothèque de plein droit, mais même ne peuvent contenir de stipulation d'hypothèque par dérogation à l'article 2127 C. civ. (3).

Les autres (4) se refusent, au contraire, à tirer

1. Troplong, t. II, n. 505 *bis* ; Curasson, *Cod. forest.*, t. I, p. 189 ; Pont, t. II, n. 665 ; Laurent, t. XXX, n. 156.

2. On ne pourrait, au contraire, se prévaloir de l'article 7 de la loi du 30 ventôse an XII lequel abroge le droit ancien dans les matières qui font l'objet du Code civil. Cet article ne parle pas en effet des lois ou décrets ; il laisse ainsi les lois du droit intermédiaire sous l'empire des principes généraux qui régissent l'abrogation tacite. Bruxelles, 16 mai 1809, S. et P. chr. Laurent, t. I, n. 27 et t. XXX, n. 456 ; Huc, t. I, n. 28 ; Baudry-Lacantinerie et Hugues-Fourcade, *Des personnes*, t. I, n. 73 ; Cpr. Aubry et Rau, t. I, § 14, p. 22 ; V. en sens contraire Demante, t. I, n. 40 *bis*.

3. Pau, 16 juin 1852, S. 52, 2, 572 ; D. P. 53, 2, 95.

4. Favard de Langlade, *Rép.* V° Louage, sect. 1, § 2, n. 2 ; Duranton, t. XIX, n. 360 ; Aubry et Rau, t. III, § 266, p. 275, texte et note 55 ; Foucart, *Droit administratif*, t. II, n. 1117 ;

argument de l'article 56 de la loi de brumaire, à
raison même des termes employés par cet article : il
ne vise que les « lois sur les constitutions d'hypothèque » ; c'est-à-dire les lois dont l'objet principal porte sur les constitutions d'hypothèques ; il ne
touche aucunement à celles qui ont un autre objet
quand même elles contiendraient accidentellement
des dispositions spéciales relatives à ces constitutions ; ces dispositions spéciales doivent donc continuer à demeurer applicables : ainsi en est-il par
suite des articles ci-dessus précités de la loi de 1790
sur les biens nationaux et de celle de 1793 sur les marchés passés par l'Etat. Seulement, il ne faut évidemment pas donner à ces articles une portée plus considérable que celle que leurs auteurs avaient entendu
leur assigner. Qu'avaient voulu ces derniers ? C'était
assimiler aux actes notariés, sous le rapport de la
force hypothécaire, les actes administratifs prévus
par ces textes. Or, à l'époque où ils légiféraient,
tout acte notarié emportait de plein droit hypothèque sur tous les biens du débiteur ; ils avaient, par
conséquent, attaché le même effet à ces actes administratifs. Mais on sait combien en ces matières la
législation s'est modifiée : depuis la loi de brumaire
an VII et, en particulier depuis le Code civil, les

Ducrocq, *Droit administratif*, t. II, n. 1036 ; Gillard, n. 310 ;
Baudry-Lacantinerie et de Loynes, t. II, n. 1418 ; Guillouard,
t. II. n. 1010 ; Cpr. Thézard. n. 59.

actes notariés ont cessé de produire un tel effet, une hypothèque ne peut plus en résulter que si elle y a été expressément stipulée. Le même sort doit donc, si l'on veut se conformer à la pensée du législateur, être fait aux actes administratifs que celui-ci a eu l'intention de leur assimiler ; eux non plus ne doivent plus, par leur seule force, faire naître une hypothèque générale. Ce serait, d'ailleurs, trop contraire à la prohibition absolue qui frappe aujourd'hui toute stipulation d'hypothèque sur les biens à venir. Mais faut-il, tout au moins, accorder auxdits actes administratifs les mêmes avantages que ceux encore attribués aux actes notariés : les actes notariés peuvent valablement contenir une convention d'hypothèque (art. 2127) ; il doit, en conséquence, en être de même de ces actes administratifs. C'est là, sans doute, en ce qui concerne particulièrement les baux passés par l'Etat, une règle spéciale de droit administratif de celles auxquelles a songé l'article 1712 C. civ. lorsqu'il a déclaré les baux des biens nationaux « soumis à des règlements particuliers ». On prétendrait vainement au surplus que cette règle spéciale, contraire au principe général de l'article 2127, doit être considérée comme abrogée par cet article : il est de règle, en effet, suivant un adage bien connu, qu'une loi générale n'emporte pas abrogation d'une loi spéciale : « *lex generalis non derogat speciali* ».

Si spécieux que puisse sembler ce raisonnement, il nous paraît cependant très exact dans son point de départ et dans ses déductions. Nous adoptons donc la distinction qu'il consacre : les actes administratifs mentionnés dans l'article 14 du titre II de la loi des 28 (23 et) 5 novembre 1790 et dans l'article 4 de la loi du 4 mars 1793 ne donnent plus naissance à une hypothèque, indépendamment de toute stipulation à cet égard, mais une pareille stipulation peut y être efficacement insérée.

Le Conseil d'Etat, ainsi du reste que la Cour de Cassation (1), a lui-même admis cette doctrine. En effet, par avis du 25 juillet 1807, approuvé le 12 août suivant (2), il a décidé, en ce qui concerne des baux considérés par lui comme devant être compris au nombre des actes administratifs dont s'agit : 1° que ceux de ces baux antérieurs à la loi du 11 brumaire an VII ont emporté, comme tous les actes notariés reçus à cette époque, une hypothèque tacite et générale ; 2° que ceux passés sous l'empire de cette loi ou depuis le Code civil peuvent, tout au moins et de même encore que les actes notariés, con-

1. Cass., 5 juillet 1817, S. et P. chr. ; Cass., 12 janvier 1835. S. 35, 1, 11 ; D. P. 35, 1. 87 ; Cpr. Cass., 5 mai 1843, S. 43, 1, 568 ; D. P. 43, 1, 267 ; Cass., 9 juin 1847. S. 48, 1, 52 ; D. P. 53, 1, 506.

2. Cet avis n'a pas été insérée au *Bulletin des lois* : il est rapporté par Grenier. t. I, n. 11 et Favard de Langlade. *Rép.,* V° *hyp.,* p. 733. n. 8.

tenir une stipulation formelle d'hypothèque conventionnelle.

Seulement, n'oublions pas que nous sommes en présence de dispositions exorbitantes du droit commun de l'article 2127. La conséquence en est que, suivant un principe déjà plusieurs fois rappelé, il y a lieu de les interpréter strictement et de ne pas en étendre le bénéfice au-delà des hypothèses qu'elles prévoient textuellement. De tous les actes administratifs, les marchés passés au nom de l'État et les baux ou autres actes d'administration des biens nationaux sont donc les seuls dans lesquels une hypothèque puisse être valablement stipulée (1).

Le Conseil d'État a eu également l'occasion de faire application de ce principe dans une espèce où il était appelé à statuer comme juridiction de conflit. Il s'agissait, dans cette espèce, d'un acte de remplacement militaire conclu devant le préfet de la Seine à la date du 13 septembre 1808, et par lequel le remplacé s'engageait à verser au remplaçant une somme de 4.500 fr. en constituant à son profit, pour sûreté de cette somme, une hypothèque sur une maison située à Paris. Un ordre étant venu à s'ouvrir sur cette maison, le tribunal de la Seine décida, conformément à la règle qui vient d'être posée, que

1. Gillard, n. 210 ; Baudry-Lacantinerie et de Loynes, t. II, n. 1419.

la collocation du remplaçant devait être rejetée, « en ce sens que son titre, bien qu'authentique, n'avait pas été passé par devant notaire ». Le préfet de la Seine crut alors devoir intervenir, et il prit, sur l'appel de ce jugement, un arrêté de conflit par lequel il revendiqua l'affaire. Mais le Conseil d'Etat, ainsi saisi de la difficulté, repoussa cette prétention du préfet et reconnut la compétence exclusive des tribunaux ordinaires, en déclarant en outre, dans les motifs de sa décision « que, pour acquérir l'hypothèque conventionnelle, le remplaçant devait passer l'acte dont il s'agit par devant notaire » (1).

Le Conseil d'Etat n'est pas toujours resté, toutefois fidèle à cette interprétation restrictive de nos textes: c'est ainsi, que par l'avis précité du 25 juillet 1807 (2), il a proclamé l'assimilition, en notre matière, des baux relatifs aux biens nationaux et de ceux des hospices et autres établissements publics.

Il est vrai que par un décret publié le 12 août 1807 (3) c'est-à-dire le jour même où était approuvé cet avis, il a fait cesser cette assimilation pour l'avenir ; l'article 1ᵉʳ de ce décret dispose en effet : « A compter de la publication du présent décret, les baux à ferme des hospices et autres établissements publics

---

1. D. *Rép.*, V. Priv. et hyp., n. 1275.
2. V. *Suprà*, p. 102.
3. Devilleneuve et Carette, *Lois annotées*, t. I, p. 750.

de bienfaisance et d'instruction publique, pour la durée ordinaire, seront faits, aux enchères par devant un notaire qui sera désigné, et le droit d'hypothéquer sur tous les biens du preneur y sera stipulé par la désignation conformément au Code civil ».

Quid à l'égard des baux des biens des communes ? Une ordonnance du 7 octobre 1818 a déclaré, dans son article 4, que, conformément à l'article 1er du décret du 12 août 1807, ces baux devaient être, comme ceux des hospices, passés exclusivement devant les notaires. Si cette ordonnance était toujours en vigueur, la difficulté ne serait même pas susceptible de s'élever; c'est en effet ce que disent quelques auteurs (1).

Mais l'opinion générale enseigne, au contraire, que la loi du 18 juillet 1837 et les lois municipales postérieures n'ayant pas reproduit les dispositions de ladite ordonnance, ces dispositions doivent être considérées comme implicitement abrogées : aussi en pratique les baux des communes sont-ils presque toujours passés dans la forme administrative sans le concours des notaires (2). Notre question peut alors se poser : une hypothèque conventionnelle peut-elle être stipulée dans les baux passés en cette forme ?

1. Aubry et Rau, t. III, § 266, p. 275, note 55 : Cpr, Gillard. n. 210.

2. V. Pandectes françaises. Rép., V. Adjudications administratives. n. 20 et suiv.

La négative nous parait s'imposer encore une fois, à raison du caractère exceptionnel de l'article 12 de la loi de 1790 et de l'article 4 de la loi de 1793 (1) mais l'affirmative a cependant rencontré des partisans (2). C'est même elle qui semble avoir les préférences de l'administration, si l'on en juge par cette note insérée au *bulletin officiel du ministère de l'intérieur* (3) :

« Lorsque aux termes du cahier des charges ou du procès-verbal de l'adjudication, il doit être pris inscription hypothécaire sur les propriétés de l'adjudicataire, si l'acte d'adjudication est passé administrativement et, par conséquent, sans le ministère d'un notaire, il est prudent, pour éviter toutes difficultés ultérieures, de stipuler que l'adjudicataire s'engage à consentir cette inscription par acte notarié, dans un délai déterminé. Il serait à craindre, en effet, que l'inscription qui serait prise en vertu de l'adjudication administrative pût être contestée. »

1. Serrigny, *traité de l'organisation, de la compétence et de la procédure en matière contentieuse administrative*. t. II. n. 1092.
2. Fleurigeon, *Cod. administratif*. t. II. p. 151 et suiv.
3. Année 1861. p. 581.

Section II. — Hypothèques constituées à l'étranger ou par des étrangers en France.

S'il peut paraitre très naturel de réunir, sous la même rubrique, comme étant très voisines l'une de l'autre, et comme se rattachant toutes deux au droit international privé, l'hypothèse de contrats hypothécaires passés à l'étranger par des Français ou autres et celle de contrats de même nature passés par des étrangers en France, ces deux hypothèses n'en doivent pas moins être soigneusement distinguées l'une de l'autre au point de vue de notre étude ; elles sont en effet, sous ce rapport, gouvernées par des règles différentes, et par suite, il nous faut les examiner séparément.

Il convient d'ailleurs de mettre encore à part, parce qu'elle est, elle aussi, soumise à des principes différents, une troisième hypothèse, celle où la convention d'hypotèque intervient devant un consul, soit en France devant un consul étranger, soit à l'étranger devant un consul français.

§ 1. — *Hypothèques constituées à l'étranger (autrement que devant un consul).*

C'est l'article 2128 du Code civil qui détermine
les effets en France des conventions d'hypothèque
conclues à l'étranger ; voici le principe qu'il pose à
cet égard : « Les contrats passés en pays étranger ne
peuvent donner d'hypothèque sur les biens de
France ».

Il est bien certain, à s'en tenir à cette disposition,
qu'aucune exception n'existerait, concernant les hypothèques consenties à l'étranger, à la règle de l'article 2127, puisqu'en aucun cas ces hypothèques,
quelle que soit la nature de l'acte d'où elles résultent, seraient toujours chez nous sans valeur aucune.

Mais l'article 2128 lui-même s'empresse d'ajouter
après avoir formulé le principe ci-dessus énoncé :
« s'il n'y a de dispositions contraires à ce principe
dans les lois politiques ou dans les traités. » Il est
vrai qu'il n'existe aucune loi politique dans laquelle
on trouve des dispositions de cette nature (1) ; mais
deux traités sont, au contraire, considérés comme
en contenant. Le premier de ces traités est le traité

1. Vincent et Penaud, *Dictionnaire de droit international privé*
v° *Privilèges et hypothèques*. n. 85 ; Baudry-Lacantinerie et de
Loynes. t. II. n. 1420.

franco-sarde du 24 mars 1760, qui suivant l'opinion commune (1), est toujours en vigueur et est aujourd'hui applicable à l'Italie entière ; l'article 22, § 1 de ce traité, d'où se déduit la dérogation à l'article 2128, est ainsi conçu : « Il est convenu que de la même manière que les hypothèques établies en France par actes publics ou judiciaires sont admises dans les tribunaux de S. M. le roi de Sardaigne, l'on aura aussi pareil égard dans les tribunaux de France pour les hypothèques qui seront constituées à l'avenir par contrats publics soit par ordonnances ou jugements, dans les Etats de S. M. le roi de Sardaigne ». Le second de ces traités est le traité franco-suisse du 28 mai 1777. Telle est tout au moins l'interprétation qu'en a donnée la Cour de cassation par arrêt du 10 mai 1831 (2), interprétation que n'ont modifiée, en aucune façon, les traités conclus depuis, entre la France et la Suisse, et, spécialement, celui du 15 juin 1869 (3).

1. Milhaud. *Principes de droit international privé dans ses applications aux privilèges et hypothèques au point de vue du droit positif français* ; Duguit. *Conflits de législation*, p. 208 ; Le Bourdellès, note dans *Journal de dr. intern. priv.* 1882. p. 591 ; Weiss, *Traité élémentaire de droit international privé*, p. 621 : Vincent et Penaud, v° *Privilèges et hypothèques*, n. 90 : Baudry-Lacantinerie et de Loynes. t. II. n. 1420 ; Guillouard t. II, n. 1014.

2. S. 51.1.195.

3. Félix et Demangeat, *Traité de droit intern. privé*. t II. 176, p. 422, note a : Bonfils. *Compét. des trib. français.* n. 588 ; Du-

Voilà donc un premier cas. celui des traités dérogeant à l'article 2128, dans lequel on peut se demander si les hypothèques consenties à l'étranger
peuvent valoir en France, quoiqu'elles ne résultent
que d'actes sous seing privé. Il suffit pour cela de
supposer que le pays où elles sont nées autorise la
constitution d'hypothèque par acte de cette nature.

Plusieurs auteurs enseignent l'affirmative (1) par
la raison que les hypothèques, admises par les traités à produire effet chez nous, bien que constituées
ailleurs, doivent être considérées comme étant « des
hypothèques étrangères », soumises entièrement
comme telles, au point de vue de leur établissement,
à la loi du pays où elles ont pris naissance. M. Persil 2 va même jusqu'à dire : « Si les traités se bornent
à reconnaitre d'une manière générale que les actes
passés à l'étranger produisent hypothèque en France,
il faut donner à ces actes la même autorité que dans
leur pays, leur faire produire hypothèque conformément à la loi étrangère, encore que les parties n'en
aient rien dit, n'aient pas déclaré les biens qu'elles
voulaient assujettir ». Dans ce système donc, c'est
la loi étrangère du lieu où s'est passé le contrat

gnit. p. 108 ; Milhaud. p. 272 ; Weiss. p. 621 ; Vincent et
Penand, v° *Priviléges et hypothèques*. n. 90 ; Baudry-Lacantinerie et de Loynes. t. II, n. 1420.

1. Persil, sur l'article 2128, n. 4 ; Delvincourt. t. III p. 159
note 5 ; Milhaud. p. 271.

2. *Op. et loc. cit.*

hypothécaire qui doit fixer les sources d'hypothèque, alors même qu'elles ne seraient pas admises par la loi française (1).

Mais cette doctrine nous parait attribuer aux traités dont s'agit une portée qu'ils ne peuvent avoir, du moins en thèse générale et sauf, bien entendu, à tenir compte de la rédaction spéciale de chacun d'eux. Leur objet est simplement de déroger à l'article 2128, de décider que, contrairement à cet article, les contrats hypothécaires passés à l'étranger pourront avoir effet en France. Mais à quelle condition ces contrats produiront-ils ainsi effet ? Suffira-t-il qu'ils soient rédigés par acte sous seing privé ? Ne faudrait-il pas, au contraire, qu'ils soient constatés en la forme authentique ? Les traités ne tranchent pas ce point qu'ils laissent complètement sous l'empire du droit commun. La question se ramène donc à rechercher quelle solution devrait être donnée à l'égard des hypothèques constituées à l'étranger, si l'article 2128 n'existait point (2).

On serait tenté de soutenir que cette dernière difficulté dépend elle-même, l'hypothèque étant dans notre législation un contrat solennel, du parti qu'on adopte sur une controverse plus générale (3) : la ré-

1. p. 271.
2. Cpr. Vincent et Penaud, v° *Privilèges et hypothèques*, n. 93.
3. V. l'exposé de cette controverse dans Weiss, *Traité élémentaire*, p. 252.

gle « *locus regit actum* » est-elle ou non applicable aux actes solennels ? On exigerait un acte authentique pour la constitution d'hypothèque passée à l'étranger, si l'on déclarait ladite règle étrangère aux actes solennels (1) ; on se contenterait d'un acte sous seing privé dans le cas contraire (2).

Mais nous estimons, quant à nous, qu'étant données les raisons pour lesquelles l'authenticité est requise pour la convention d'hypothèque par l'article 2127, cette authenticité est nécessaire même en ce qui concerne les hypothèques constituées à l'étranger 3), quelque opinion qu'on ait d'ailleurs sur la portée d'application de la règle « locus regit actum ».

L'un des motifs de cette exigence de l'art. 2127, c'est en effet que les actes sous seing privé peuvent donner lieu au cours de l'ordre à des procédures de vérification d'écritures : il importe d'empêcher de se produire, au cours d'ordres déjà très compliqués par eux-mêmes et si fertiles en incidents, des procédures coûteuses qui en retarderaient encore la solution ; or, ce motif a la même force, qu'il s'agisse d'hypothè-

1. Laurent, *Principes de droit civil*, t. I, n. 99, et *Droit civil international*, t. I, p. 155 ; t. VI, p. 651-662 ; t. VII, p. 492, et s. ; Paturet, *Des privilèges et des hypothèques en droit international privé*.

2. Weiss, *Traité élémentaire*, p. 619.

3. V. aussi Duguit, p. 106.

ques consenties en France ou d'hypothèques consenties ailleurs.

Un acte notarié n'est pas, du reste, indispensable
pour conférer cette authenticité, laquelle doit être
appréciée d'après la loi étrangère (1).

Cette théorie a été expressément consacrée par la
loi hypothécaire belge du 16 décembre 1851 ; l'article 77 de cette loi, qui rejette d'ailleurs le principe
si critiquable de notre article 2128, décide en effet :
« A défaut de dispositions contraires dans les traités ou dans les lois politiques, les hypothèques consenties en pays étranger n'auront d'effet, à l'égard
des biens situés en Belgique, que lorsque les actes
qui en contiennent la stipulation auront été revêtus
du visa du président du tribunal civil de la situation
des biens. Ce magistrat est chargé de vérifier si les
actes et les procurations qui en sont le complément,
réunissent toutes les conditions nécessaires pour
leur authenticité dans les pays où ils ont été reçus ».

La question qui vient d'être examinée, s'est posée spécialement en ce qui concerne les hypothèques
constituées en Italie, puisque le Code civil italien
de 1865 admet que l'hypothèque conventionnelle
peut être conférée par acte sous seing privé (art. 1978) :

1. Laurent, *Droit civil international*. p. 492, Paturet. p. 208 et
209.

M. Milhaud (1) qui soutient le premier des systèmes
ci-dessus exposés, en a conclu qu'une hypothèque consentie par acte privé en Italie sur un bien
sis en France serait valable. La solution inverse
nous paraît au contraire être la seule exacte, d'autant plus que l'article 22,§ 1 précité du traité franco-
sarde de 1760 ne parle que des hypothèques constituées « par contrats publics » (2).

Voici maintenant un second cas dans lequel il
peut y avoir lieu de rechercher, malgré les dispositions prohibitives de l'article 2128, si la règle de
l'article 2127 ne subit pas également, au moins
dans l'une de ses conséquences, une dérogation assez notable en ce qui concerne les actes passés hors
du territoire français : ce second cas est celui où une
procuration a été donnée, à l'étranger, à l'effet de conférer hypothèque sur un immeuble situé en France.
Une telle procuration est valable, en principe (3).
Les auteurs sont unanimes, en effet, à décider que
l'article 2128, si peu justifiable aujourd'hui que
l'hypothèque ne peut être considérée comme liée à la
force exécutoire et par suite comme dérivant de
l'autorité publique (4), doit être interprété de la fa-

1. *Op. cit.*, p. 271.
2. Weiss, *Traité élémentaire*, p. 621 ; Vincent et Renaud,
v° *Privilèges et hypothèques*. n. 91 *bis*.
3. Vincent et Penand, v° *Privilèges et hypothèques*, n. 75.
4. L'article 2128 est inspiré de l'article 121 de l'ordonnance
de 1629 cité *supra*. p. 26.

çon la plus restrictive (1); or, cet article ne vise que les « contrats d'hypothèque »; il ne peut donc être étendu aux procurations à l'effet d'hypothéquer.

On devine dès lors la difficulté possible, si l'on se souvient que, d'après l'opinion communément admise, le mandat par lequel le débiteur donne pouvoir de conférer une hypothèque en son nom, doit être nécessairement reçu par acte notarié. Cette règle est-elle applicable aux procurations passées à l'étranger ? La question se présente absolument dans les mêmes termes que celle que nous avons examinée tout à l'heure, lorsque nous nous sommes demandé ce qu'il faudrait décider à l'égard des contrats d'hypothèque intervenus à l'étranger, si l'article 2128 n'existait point ; elle doit donc être résolue de même. Notre conclusion, par suite, est que la procuration à l'effet d'hypothéquer, doit être passée dans la forme authentique du pays où elle est consentie (2). C'est aussi ce que décide l'article 77 précité de la loi belge de 1851 (3).

En résumé donc, il n'y a pas, à notre avis du

1. V. notamment Weiss, *Traité élémentaire*, p. 621 ; Vincent et Penaud, v° *Privilèges et hypothèques*, n. 78 ; Cpr. Baudry-Lacantinerie et de Loynes, t. II, n. 1421 ; Guillouard, t. II, n. 1015.

2. Duguit, p. 107, note 1 ; Cpr. Cass. 5 juillet 1827, S. et P. chr.

3. Laurent, *principes de droit civil*, t. XXX, n. 458.

moins, dérogation, dans cette première hypothèse, à la règle de l'article 2127.

§ 2. — *Hypothèques constituées en France par des étrangers (autrement que devant un consul)*.

Des auteurs (1), ont soutenu que l'hypothèque résultant d'une convention entre des parties étrangères peut être valablement constituée en France sur des biens situés en France, même par acte sous seing privé, si leur législation nationale autorise ce mode de constitution de l'hypothèque. L'article 2127, disent ces auteurs, n'oblige impérativement que les Français; la règle « *locus regit actum* » n'est, en effet, que facultative (2), de telle sorte que les étrangers en France ont le choix, pour passer leurs actes, entre les formes de la loi française, et celles de leur loi nationale, si d'ailleurs le créancier et le débiteur appartiennent au même Etat.

L'opinion contraire est naturellement soutenue par ceux qui considèrent, au contraire, comme obligatoire la règle « *locus regit actum* » (3).

1. Weiss, *Traité élémentaire*, p. 618.

2. Sur le point de savoir si cette règle est ou impérative ou facultative. V. notamment Weiss, *Traité élémentaire*, p. 255 et suiv.

3. Merlin, *Rép.* V° hyp., sect 1, § 5, n. 2 : Laurent. *Droit civil international*, t. VII, p. 456.

Pour nous, nous estimons que là encore, il n'y a pas à se préoccuper du caractère facultatif ou obligatoire de cette règle. C'est par une autre considération que doit être résolue la difficulté. Il faut tenir compte des motifs pour lesquels l'article 2127 requiert l'authenticité en matière de convention hypothécaire. Or, l'un de ces motifs, nous l'avons vu, est tel que cette authenticité doit être exigée pour tous les contrats d'hypothèque destinés à produire effet en France, quels qu'ils soient, sans qu'il y ait lieu de se préoccuper de la nationalité des contractants (1).

Il n'y a donc pas, selon nous, dérogation à l'article 2127 dans cette seconde hypothèse, pas plus que dans la première.

§ 3. — *Hypothèques constituées devant des consuls.*

Les conventions d'hypothèque, passées entre Français à l'étranger devant le chancelier de leur consulat, produisent en France plein et entier effet. C'est ce qui résulte d'anciennes ordonnances toujours en vigueur (2).

1. V. aussi dans ce sens Duguit, p. 106 ; Durand, *Essai de droit international privé*, p. 425 : Milhaud, p. 289 ; Paturet, p. 201 : Vincent et Penaud, v° *Privilèges et hypothèques*, n. 75.
2. Ordonnance d'août 1681 ; Ordonnance des 25 et 26 octobre 1833 ; Duguit, p. 110 ; Milhaud, p. 265 ; Weiss, *Traité*

Il n'en est pas de même, au contraire, de celles intervenues en France entre étrangers devant leurs agents consulaires. L'article 2128 est, sans aucun doute, applicable en pareil cas, les contrats conclus dans un consulat étranger étant, de tous points, considérés comme passés en pays étranger (1).

Un certain nombre de conventions diplomatiques sont venues toutefois déroger a cette règle. Voici notamment ce que décide à cet égard, dans son article 6. la convention franco-brésilienne du 10 décembre 1860 : « Les consuls généraux, consuls et vice-consuls respectifs auront le droit de recevoir, dans leur chancellerie et à bord des navires de leur pays, des déclarations ou autres actes que les capitaines ou passagers, négociants ou sujets de leur nation, voudront y passer, même leurs testaments ou dispositions de dernière volonté, ou tous autres actes notariés, alors même que lesdits actes auraient pour effet de conférer hypothèque .... » Ils « auront en outre, le droit de recevoir dans leur chancellerie tous actes conventionnels entre un ou plusieurs de leurs nationaux et d'autres personnes du pays où ils résident, et même tout acte conventionnel concernant des sujets de ce dernier pays seulement, pourvu bien entendu que ces actes aient rapport à des biens

élémentaire, p. 620 ; Vincent et Penaud, v° *Priviléges et hypo-thèques*, n. 86 ; Baudry-Lacantinerie et de Loynes, t. II, n. 1419.

1. Vincent et Penaud, v° *Priviléges et hypothèques*, n. 76.

situés ou à des affaires à traiter sur le territoire de la
nation à laquelle appartiendra le consul ou l'agent,
devant lequel ils seront passés. Les expéditions des
dits actes dûment légalisés par les consuls généraux,
consuls et vice-consuls, et munies du cachet officiel
de leur consulat ou vice-consulat, feront foi en justice devant tous les tribunaux, juges et autorités de
France et du Brésil au même titre que les originaux
et auront respectivement la même force et valeur
que s'ils avaient été passés devant les notaires et
autres officiers publics compétents du pays, pourvu
que ces actes soient passés dans la forme voulue par
les lois de l'Etat auquel appartient le consul, et qu'ils
aient été préalablement soumis à toutes les formalités du timbre, à l'enregistrement, insinuation, et à
toutes les autres formalités qui régissent ces matières dans le pays où l'acte doit recevoir son exécution. »

Ces dispositions ont été reproduites sauf de légères variantes, dans les diverses conventions conclues : avec l'Espagne le 7 janvier 1862 (art. 19) ;
avec l'Italie le 22 juillet 1862 (art. 8) ; — avec le
Portugal le 11 juillet 1866 (art. 11) ; — avec la Rus-
sie, le 1ᵉʳ avril 1874 (art. 9, § 2) ; — avec la Grèce,
le 7 janvier 1876 (art. 10) ; — avec la République du
San-Salvador, le 5 juin 1878 (art. 10 et 11) ; — avec
la République Dominicaine, le 25 octobre 1882 (art.

10 et 11); — avec le Vénézuela, le 24 octobre 1886
(art. 6 et 7) (1).

Mais est-il besoin de remarquer que la faculté ainsi
reconnue aux intéressés de s'adresser aux agents
consulaires pour constater leur convention d'hypothèque ne constitue pas, à vrai dire, une dérogation
à l'article 2127 (2). C'est, en effet, *comme notaires*
qu'agissent les fonctionnaires du consulat compétent
pour recevoir ces contrats. Quelques-unes des conventions diplomatiques précitées (3) le disent expressément. Certaines (4) prennent d'ailleurs soin de stipuler que « lorsqu'il s'agit d'actes ayant rapport à
des biens fonciers, ces actes ne sont valables qu'autant qu'un notaire ou autre officier public compétent
du pays y aura concouru et les aura revêtus de sa signature ».

1. V. aussi l'article 6 de la convention avec les États-Unis
du 23 février 1853 et l'article 9 de la convention avec l'Autri-
che du 11 décembre 1865.

2. Baudry-Lacantinerie et de Loynes, t. II, n. 1419.

3. V. spécialement la convention franco-russe du 1er avril
1874.

4. Convention avec le Brésil, la Grèce, le San-Salvador, la
République Dominicaine, le Vénézuela.

Section III. — Hypothèque des navires.

Avant la loi du 10 décembre 1874, la législation française qui régissait les navires était ainsi faite que de tous les moyens de crédit réel organisés par nos lois, il n'y en avait aucun qui, soit pour des raisons de droit, soit pour des raisons de fait, pût être appliqué aux navires. Comme ce sont des meubles (art. 190, §§ 1 et 2, C. c.), ils ne pouvaient, en effet, être hypothéqués, puisque l'article 2118 du Code civil déclare les immeubles seuls susceptibles d'hypothèque. Ils pouvaient, il est vrai, être donnés en gage ; mais les conditions auxquelles est subordonnée la validité du nantissement sont de telle nature qu'on ne pouvait guère user de cette ressource à leur égard. Le gage n'est, en effet, efficace à l'égard des tiers que par la mise en possession du créancier gagiste (art. 2076, C. civ. et art. 92, C. com.). Or, s'il est nécessaire pour la garantie d'un emprunt que le navire passe aux mains du prêteur, « il est frappé d'indisponibilité et condamné à une inaction ruineuse. Le propriétaire qui en est dessaisi se voit privé de l'instrument nécessaire à son industrie, tandis que le créancier, obligé à des frais de garde et d'entretien

coûteux, éprouve un sérieux embarras d'une possession dont il ne peut tirer aucun parti » (1).

La pratique avait bien essayé de tourner cette
obligation de mettre le créancier gagiste en possession effective du navire.

On avait notamment imaginé de déguiser le contrat de gage sous les apparences d'une vente: le propriétaire d'un navire à qui son prêteur lui demandait
une garantie réelle, le lui cédait en douane, le prêteur reconnaissant, dans une contre-lettre, que cette
aliénation n'était, au fond, qu'une constitution de
gage, et s'engageant à laisser à son emprunteur la
libre disposition du navire. Mais ce procédé, dont la
légalité était d'ailleurs très contestable (2), n'était
pas sans inconvénients : il mettait l'emprunteur à
la merci du prêteur, ce dernier pouvait en sa qualité
de propriétaire à l'égard des tiers, vendre valablement le navire à l'insu du véritable propriétaire. Le
prêteur n'était pas dans une situation meilleure :
propriétaire apparent, il était tenu d'assurer l'exécution du contrat d'affrètement et était responsable
des engagements du capitaine; à ce double titre, il

1. Rapport de M. Grivart du 21 mars 1874. *Journ. off.* des
24 et 27 avril, annexe, 2512.

2. Lyon-Caen et Renault. *Traité*, t. VI. n. 1610 : Boistel,
p. 896 note 2. La jurisprudence le déclarait valable, Rennes,
2 juin 1864 : *Journ. Comm.*, Marseille, 1864, 2, 102. Cass.,
9 juillet 1877. S. 77, 1, 589. D. P. 77, 1, 417.

encourait une responsabilité parfois très lourde et très dangereuse.

Une autre combinaison avait été proposée : on mentionnait l'acte de constitution de gage sur les registres de la douane : il y avait là, affirmait-on, une formalité de publicité qui équivalait à la mise en possession du créancier gagiste (1). Mais il est manifeste que cette affirmation était erronée : tout est de droit étroit en matière de privilèges ; il n'est pas possible de modifier les conditions légales de leur existence : or, la loi a requis la mise en possession du créancier gagiste sans admettre aucun équivalent (2).

La nécessité d'apporter une réforme à notre législation en vue d'améliorer les conditions du crédit sur les navires, s'imposait donc à une époque surtout où le commerce maritime commençait à exiger l'emploi de capitaux importants. De là, la loi du 10 décembre 1874 qui a permis de constituer sur les navires des hypothèques conventionnelles.

La question se posa, par suite, pour les auteurs de cette loi, de savoir s'ils étendraient à cette hypothèque la disposition de notre article 2127 relatif à l'hypothèque immobilière : devait-on se contenter d'un acte sous seing privé? Ne fallait-il pas, au con-

1. Trib. comm. Marseille, 30 mai 1855, *Journ. jurisp. Maritime*, 1855, 1, 477.
2. Lyon-Caen et Renault, t. VI, n. 1611.

traire, comme en matière civile, exiger un acte authentique ? « C'est dans le sens le plus favorable à la liberté des conventions, disait M. Grivas, le rapporteur à l'Assemblée nationale, que votre commission s'est prononcée sans hésitation ». Les raisons qu'il en donne sont à retenir ; ce sont, en effet, toutes celles que nous verrons soutenir par les adversaires de l'article 2127 : « Aucun principe, déclare-il, n'est ici engagé, car on ne saurait prétendre qu'il est de l'essence de l'hypothèque de ne pouvoir être constituée que par acte authentique, et il doit même sembler naturel que le navire pouvant être vendu par acte sous seing privé puisse être hypothéqué dans la même forme. Les principes étant saufs, c'est de l'intérêt des parties que nous devions exclusivement nous préoccuper. Or, en matière commerciale, où tout ce qui peut épargner une perte de temps est d'un grand prix, il n'est point indifférent que les contractants, pressés souvent par des délais inflexibles, puissent, s'ils le jugent bon, réaliser leurs conventions sans recourir au ministère d'un notaire ou d'un autre officier public. La forme authentique est d'ailleurs coûteuse : si les frais qui en résultent semblent déjà lourds en matière civile, si les prêts sont faits en général pour une longue durée, ils paraitraient exorbitants s'appliquant à des opérations qui seront faites le plus souvent à court terme. Rien ne sera, du reste, plus simple à rédiger que l'acte d'hypothèque maritime, et il est permis de croire que sa rédaction n'excédera pas la capacité du plus grand nombre des commerçants ».

L'Assemblée nationale se rangea à cet avis ; l'article 2 de la loi nouvelle décida en conséquence, dans son § 1 « Le contrat par lequel l'hypothèque maritime est consentie doit être rédigé par écrit ; il peut être fait par acte sous signatures privées ».

La loi du 10 décembre 1874, n'ayant pas donné les résultats auxquels on s'attendait, n'a pas d'ailleurs tardée à être abrogée, mais la loi du 18 juillet 1885 qui l'a remplacée, a cru devoir conserver, en notre matière, la règle qu'elle avait consacrée : son article 2, § 1, est la reproduction littérale de la disposition précitée de la loi de 1874.

Il n'est pas besoin d'observer, au surplus, que l'authenticité, n'étant point requise pour la constitution de l'hypothèque maritime, ne l'est point davantage pour la procuration à l'effet de consentir cette hypothèque : un acte sous seing privé est nécessaire mais suffisant (1).

1. Boistel, n. 1159 ; Lyon-Caen et Renault, *Traité*, t. VI, n. 1651 ; Desjardins, *Droit maritime*, t. V, n. 1214.

Section IV. — Hypothèques constituées par une société commerciale.

Avec M. Clausel de Coussergues, rapporteur à la Chambre des députés de la loi du 1er août 1893, nous avons dit *supra* p. 43, qu'antérieurement à cette loi, la jurisprudence avait déduit, de la théorie par elle admise sur la forme du mandat à l'effet d'hypothéquer, qu'une hypothèque ne pouvait être valablement constituée au nom d'une société par ses représentants que si l'acte conférant à ces derniers le pouvoir de la consentir avait été reçu par devant notaire, quel que fût d'ailleurs l'objet principal de cet acte. Cette déduction était-elle logique ? La question demande à être sérieusement examinée ; elle n'est pas, aujourd'hui encore, sans intérêt pratique, car la loi précitée du 1er août 1893 n'a statué, comme on le verra, que pour les sociétés commerciales, et non pour les sociétés civiles.

A cet égard, une distinction capitale devait être faite entre le cas où la personne figurant dans l'acte constitutif d'hypothèque au nom de la société tenait directement ses pouvoirs des statuts sociaux, ou, plus généralement, d'un acte statutaire quelconque, — et celui où elle agissait, dans le silence des statuts, en vertu d'une délibération spéciale des associés, à propos d'une affaire déterminée.

Prenons d'abord ce deuxième cas, lequel a donné lieu aux difficultés de beaucoup les moins graves. Il ne semble guère contestable en effet, si l'on admet d'ailleurs comme point de départ la doctrine consacrée par la cour suprême sur la nécessité d'un acte notarié pour le mandat à fin d'hypothéquer, que l'acte spécial par lequel une société charge une personne quelconque de consentir hypothèque en son nom, doit être rédigé en la forme authentique. La société est alors exactement dans la même situation qu'un particulier ; il n'existe aucun motif de ne point lui appliquer la règle générale (1).

Devait donc être constatée par acte notarié, à peine de nullité, la délibération de l'assemblée générale des actionnaires qui conférait aux administrateurs d'une société anonyme, dont les statuts étaient muets à cet égard, le pouvoir de constituer une hypothèque sur les immeubles sociaux (2).

1. Labbé note dans S. 86. 1, 145 ; Gillard, n. 255 ; Lyon-Caen et Renault, t. II, n. 586 ; Baudry-Lacantinerie et de Loynes, t. II, n. 1414 ; Vavasseur, *Traité des sociétés civiles et commerciales*, t. I, n. 166 *bis*.

2. Paris, 5 juillet 1877, S. 77, 2, 95 ; D. P. 77, 2, 188 ; Paris, 7 août 1880, S. 81, 2, 95 ; Paris, 6 mai 1881, J. X. art. 22, 511 ; Cass., 27 juin 1881, S. 81, 1, 141 ; D. P. 82, 1, 175 ; Cass., 29 juin 1881, S. 83, 1, 218, ; D. P. 82, 1, 107 ; Orléans 11 mai 1882, D. P. 85, 5, 288 ; Paris, 5 décembre 1887, D. P.

Il en devait être de même, sans aucun doute, dans le cas d'une société en commandite (1) ou en nom collectif (2), qui, toujours dans le silence des statuts, autorisait le gérant à hypothéquer les biens appartenant à cette société. En pareil cas, en effet, la situation du gérant à qui un pouvoir exprès et spécial était nécessaire pour lui permettre d'agir au nom de la société (3), ne différait point de celle d'un mandataire ordinaire ; tout au moins pouvait-on dire, si on ne voulait point le considérer comme un véritable mandataire, que, puisqu'il n'avait point alors de

89, 2, 195 ; Labbé, note dans S. 86, 1, 145 ; Lyon-Caen et Renault, t. II, n. 586 ; Baudry-Lacantinerie et de Loynes, t. II, n. 1414.

1. Amiens, 24 février 1880, S. 82, 2, 198 ; Cass., 15 novembre 1880, S. 81, 1, 255 ; D. P. 81, 1, 118 ; Cass., 27 juin 1881, S. 81, 1, 401 ; Cass., 25 décembre 1885, S. 86, 1, 145 ; D. P. 86, 1, 97 ; Labbé, note S. 86, 1, 145 ; Lyon-Caen et Renault, t. II, n. 586 ; Baudry-Lacantinerie et de Loynes, t. II, n. 1412 ; Boistel, p. 141, note 6.

2. Baudry-Lacantinerie et de Loynes, t. II, n. 1414.

3. Les gérants d'une société commerciale, quelque étendu que soit leur mandat d'administration, n'ont pas de plein droit le pouvoir d'hypothéquer : Cass., 21 avril 1841, S. 41, 1, 595 ; Cass., 7 mai 1844, S. 45, 1, 55 ; Cass., 5 mai 1855, S. 55, 1, 617 ; D. P. 55, 1, 186 ; Paris, 11 décembre 1866, D. P. 67, 2, 165 ; Cass., 27 janvier 1868, S. 68, 1, 55, D. P. 69, 1, 410 ; Paris, 5 juillet 1877, S. 77, 2, 295, D. P. 77, 2, 168 ; Troplong, *Soc.* n. 686 ; Delangle, *Soc.* n. 146 ; Pardessus, *dr. comm.*, t. III, n. 1014 ; Pont, *des soc.* n. 526 ; Laurent, t. XXVI, n. 88 ; Lyon-Caen et Renault, t. II, n. 260 ; Guillouard, *soc.* n. 126 ; Baudry-Lacantinerie et de Loynes, t. II, n. 1414 ; V. aussi Boistel, n. 185.

pouvoir général, l'hypothèque ne pouvait être réputée consentie par lui ; elle l'était en réalité par l'assemblée des créanciers dont le consentement devait par suite être donné par acte notarié ; il n'était plus que le porte-voix de cette assemblée (1).

En était-il de même, lorsque c'était des statuts sociaux eux-mêmes (ou, d'une façon générale, d'un acte statutaire quelconque) que tenait ses pouvoirs la personne qui figurait dans l'acte constitutif d'hypothèque au nom de la société ? La négative était vivement soutenue. Ses partisans invoquaient deux ordres d'arguments.

En premier lieu, disaient quelques-uns d'entre eux, il n'est pas possible de considérer comme des mandataires de la société les gérants ou les administrateurs qui accomplissent, en son nom, et conformément au pacte social, les actes de leur fonction. « Les sociétés commerciales, déclarait sur ce point M. Rataud (2), constituent des personnalités juridiques organisées par la loi. Quand les gérants ou les administrateurs agissent en vertu des statuts, ce ne sont pas des tiers qui interviennent pour la société. C'est la société elle-même qui agit par ses seuls organes légaux ». La preuve en est, spécialement en ce qui concerne les gérants, que ces derniers ne

1. Boistel, p. 141, n. 6.
2. *Rev. crit.* 1882, p. 209. V. aussi en ce sens M. Boistel, n. 187 *bis* et 511 *in fine*.

signent pas par procuration comme le font des mandataires : ils se servent de la signature sociale comme de leur propre signature, et, par cela même, ils s'obligent personnellement en même temps qu'ils obligent la société, ce qui n'est point, non plus, le cas du mandataire lequel oblige simplement son mandant sans s'obliger lui-même.

Mais, à supposer même que les gérants et les administrateurs soient des mandataires, il y a une autre raison, ajoutent les défenseurs de cette opinion, de ne point exiger que les statuts contenant pouvoir d'hypothéquer soient rédigés par acte notarié. C'est qu'en règle générale, la forme d'un acte doit être déterminée par sa nature principale et dominante (1). En veut-on des exemples ? Une donation doit être faite par acte notarié (art. 931 C. civ.) : néanmoins, il résulte de l'article 1973 C. civ. que lorsque cette donation est rattachée à un acte principal à titre onéreux au moyen duquel le donateur se procure les fonds, objet de la libéralité l'acte en son entier est dispensé de la forme authentique. De même, l'acte notarié ainsi requis en général, pour l'efficacité des donations, doit, aux termes de la loi du 21 juin 1843, être reçu en la présence *réelle* du notaire en second ou des témoins instrumentaires ;

---

1. Labbé, note dans S. 86, 1. 145 ; Gillard, n. 254 ; Raland, *op. et loc. cit.*

or, il est universellement admis (1) que lorsqu'un contrat de mariage renferme une donation, cette présence réelle, qui est inutile à la validité du contrat de mariage, l'est également à la validité de la donation, qui en est devenue une partie dépendante. N'est-on pas autorisé à conclure de là que, lorsque le législateur a permis de constater par acte sous seing privé la formation d'une société, même en commandite par actions ou anonyme, il a entendu affranchir des formalités et des frais d'une constitution notariée toutes les conventions qui essentiellement ou naturellement sont à insérer dans l'acte constitutif de la société ? En d'autres termes, il y a lieu de décider que, le pouvoir d'hypothéquer faisant partie intégrante des statuts dont il n'est que l'accessoire, n'est soumis, au point de vue de la forme, qu'aux conditions générales de validité exigées pour ces statuts, et, par suite, il est valable, lorsqu'ils le sont eux-mêmes, c'est-à-dire alors même qu'ils sont contenus dans un acte sous seing privé.

Au reste, disaient encore les auteurs qui préconisaient ce premier système, le motif principal pour lequel est requis l'authenticité en matière de constitution hypothécaire, ne se rencontre évidemment point dans le cas présent. Si, en effet, la protection et les conseils d'un notaire peuvent être parfois utiles

1. Lyon, 1er juin 1885, S. 84, 2, 155 ; Aubry et Rau, t. V, § 505, texte et note 7 ; Colmet de Santerre, t. VI, n. 11 *bis* VIII.

au débiteur qui veut hypothéquer ses biens, en vue de le prémunir « contre les illusions et contre les excès de sa propre confiance », ce n'est certainement point quand ce débiteur est une société, surtout une société par actions. Comme l'observait M. Labbé (1), « les capitalistes qui font des sociétés par actions, sont en général des hommes expérimentés dont l'habileté, quelquefois trop grande, n'a pas besoin des lumières d'un officier public ».

La jurisprudence n'avait pas, toutefois, et avec raison selon nous, considéré cette argumentation comme péremptoire.

C'est une erreur, en effet, semble-t-il, tout d'abord, de prétendre que les administrateurs et les gérants de sociétés ne sont point les mandataires de cette société, mais cette société elle-même. Le législateur dit précisément tout le contraire, en ce qui concerne les administrateurs des sociétés anonymes, dans l'article 22 de la loi du 24 juillet 1867 : « Les sociétés anonymes sont administrées par un ou plusieurs *mandataires* à temps, révocables, salariés ou gratuits, pris parmi les associés. Ces *mandataires* peuvent choisir parmi eux un directeur, ou, si les statuts le permettent, se substituer un mandataire étranger à la société et dont ils sont responsables envers elle » (2). Quant au gérant d'une société en nom

1. Labbé, note dans S. 86. 1. 145.
2. V. aussi les articles 51 et 52 du Code de commerce :

collectif ou en commandite, il est bien certain
que, vis-à-vis des tiers, et suivant l'expression de
M. Pont (1), il est dans une certaine mesure la per-
sonnification même de la société, « il en est le représentant légal, et, on peut le dire, il est la société
elle-même ». Mais la situation apparaît tout autre
lorsqu'on l'envisage dans les rapports entre le gérant
et la société, la qualité de mandataire du gérant se
révèle alors de la façon la moins contestable : con-
cevrait-on qu'il pût, en s'obligeant sous la raison
sociale, obliger également ses co-associés si ceux-ci
ne lui en avaient donné préalablement le droit ?
M. Pont le reconnait lui-même (2) : « l'associé qui
administre ne fait, dit-il, qu'exercer un mandat » (3).
En admettant, d'ailleurs, et par hypothèse, que le gérant ne soit pas un mandataire mais la société elle-
même lorsqu'il exerce ses attributions naturelles,

Art. 31 (aujourd'hui abrogé) « La société anonyme » est admi-
nistrée par des *mandataires* à temps, révocables, associés ou
non associés, salariés ou gratuits ». — Art. 32 : « Les administrateurs ne sont responsables que de l'exécution du *mandat*
qu'ils ont reçu. Ils ne contractent, à raison de leur gestion,
aucune obligation personnelle ni solidaire relativement aux
engagements de la société ».

1. Pont, *Soc.*, t. II, n. 1440 ; V. aussi Boistel, n. 187 *bis*.

2. T. II, n. 1349 ; V. aussi Boistel, n. 187 *bis*.

3. De nombreux arrêts ont effectivement décidé que le gérant
était « un véritable mandataire de ses associés pour la gestion
et l'administration de leurs affaires » ; V. notamment Cass.,
8 août 1845, D. P., 45, 1, 364 ; Cass., 9 mai 1859, D. P., 19,
1497 ; Cass, 14 mars 1862, D. P., 66, 1, 364, etc., etc.

celles que son titre implique et qui sont inséparables, au moins dans le silence des statuts, de la gérance elle-même, tout ce raisonnement est inapplicable au pouvoir d'hypothéquer : « Celui-ci, le gérant ne l'a pas trouvé dans son berceau. Il l'a quand on le lui donne, jusqu'où on le lui donne, et le perd quand on le lui ôte ; le pouvoir que la loi ne lui confère ni explicitement ni implicitement, il le tient nécessairement et exclusivement de la convention. Or, qu'est-ce qu'une convention par laquelle un être collectif charge un individu d'une opération juridique, telle qu'un acte d'aliénation ou de constitution d'hypothèque, si ce n'est un mandat ? » (1). Serait-il vrai enfin que, même en pareil cas, le gérant doit être considéré non comme le mandataire de la société, mais simplement comme un « porte-voix », il n'en reste pas moins certain que l'acte dans lequel la société a constitué ainsi son porte-voix à l'effet d'hypothéquer les immeubles sociaux, contient le consentement de cette dernière à la convention d'hypothèque (2) ; un tel acte doit donc, suivant la pensée dont s'inspire la règle de l'article 2127, être rédigé en la forme authentique.

1. Conclusions de M. l'avocat général Desjardins dans D. P. 86, 1, 100 ; V. aussi Labbé, note dans S. 86, 1, 145 ; Gillard, n. 234.

2. C'est d'ailleurs ce que M. Labbé lui-même avait déclaré dans sa note sous l'arrêt du 27 juin 1881, dans S. 81, 1, 141.

L'argument tiré de l'acte statutaire ne parait pas plus concluant. C'est à tort, en effet, qu'on représente cet acte comme un tout indivisible, et toute clause qu'il renferme accidentellement, comme une partie intégrante de ce tout. La justification de cette prétendue indivisibilité est impossible. Comment une clause pourrait-elle être une partie intégrante des statuts, lorsqu'on peut indifféremment l'y souder ou l'en détacher ? « Est-ce que les statuts ne peuvent pas contenir les opérations juridiques les plus complexes et les plus distinctes ? Ne peut-on pas y insérer, à la rigueur, même des actes à titre gratuit ? Il faudrait au moins que la convention se rattachât à l'acte de société comme la conséquence au principe. Quand elle n'est ni de l'essence ni même de la nature de l'acte initial, il faut nécessairement l'envisager en elle-même. Cette considération est décisive. Telle clause qui, envisagée dans sa nature intrinsèque, constitue un mandat, ne perd pas ce caractère, parce qu'elle est accidentellement insérée dans un acte statutaire » (1).

Aucun motif juridique n'autorisait donc la jurisprudence à écarter l'application, dans notre espèce, du principe admis par elle, d'après lequel l'acte contenant la volonté de celui qui constitue hypothèque doit être reçu par devant notaire. Aussi la Cour de

1. Conclusions précitées de M. l'avocat général Desjardins

cassation (1) s'était-elle vue. pour être conséquente avec sa propre doctrine, dans la nécessité d'exiger que les statuts renfermant pouvoir d'hypothéquer, fussent constatés par acte notarié puisque c'est dans ces statuts que la société, personne morale, exprimait son consentement à l'hypothèque (2).

1. Cass. 23 décembre 1885, Pand. fr. chr., VI, 1, 580 ; S. 86. 1, 145 ; D. P. 86, 1, 97 ; V. aussi Paris. 6 mai 1881, j. X. art. 22, 511 : Paris, 5 décembre 1885, D. P. 87, 2, 89 : Paris, 5 décembre 1887, D. P. 89. 2, 185 : Cas., 29 janvier 1895. Pand. fr. pér. 96, 1, 50 ; Lyon-Caen et Renault, t. II, n. 185 ; Baudry-Lacantinerie et de Loynes, t. II. n. 1414 : Bouvier-Bangillon, *La législ. nouvelle et les sociétés*, p. 182.

2. Mais, naturellement, elle s'arrêtait là et ne demandait point comme l'a prétendu à tort M. Clausscl de Coussergues dans son rapport, que les associés qui n'assistaient pas en personne à la délibération par laquelle les statuts étaient approuvés, y fussent représentés par un mandataire porteur d'une procuration notariée ; ce ne sont pas, en effet. les associés qui constituent l'hypothèque, c'est la société, personne morale, distincte des associés, Cass., 25 décembre 1885 précédé, Baudry-Lacantinerie et de Loynes, t. II, n. 1414 : Lyon-Caen et Renault. t. II, n. 687, et appendice n. 55 ; Bouvier-Bangillon, p. 185. D'un autre côté, la jurisprudence, décidait par application de la théorie exposée *supra*. p. 88, qu'il suffisait, pour satisfaire à la loi, que les statuts sous seing privé, contenant pouvoir d'hypothéquer, fussent déposés, au nom de la société, dans les minutes d'un notaire, Paris, 5 décembre 1885, précité : Cass., 5 décembre 1889, S. 91, 1, 525 ; D. P. 90, 1, 105 : V. aussi Cass.. 29 janvier 1895 précité ; Vavasseur. n. 166 *bis* : Lyon-Caen et Renault, t. II, n. 587 ; Baudry-Lacantinerie et de Loynes. t. II, n, 1414. Cpr., toutefois Rennes, 29 octobre 1885, D. *Rép. Supp*, V° Priv. et hyp., n. 848 ; Trib. Seine, 17 janvier 1886, *Rev. soc.*, 1886. p. 218 : Houpin, *Tr. des soc. civ. et comm.*, t. I. n. 351.

Cette exigence n'était pas sans présenter, en fait,
de graves inconvénients. L'obligation de dresser en
la forme authentique soit les statuts soit les délibérations des assemblées générales, entraînait une
augmentation de frais, et même, paraît-il, « des
complications telles que, dans certaines sociétés,
il devenait presque impossible de constituer une
hypothèque inattaquable. » Il est certain, au reste,
qu'elle ne se justifiait guère en raison, l'intervention d'un notaire à l'effet de les éclairer sur la gravité de l'acte à accomplir, n'ayant pas besoin, comme
il a déjà été observé (1), de s'exercer à l'égard
d'hommes aussi rompus aux affaires que le sont, en
général, les membres des sociétés commerciales. Une
réforme législative ne tarda pas, en conséquence, à
être réclamée (2). Cette réforme a été réalisée par
la loi du 1er août 1893, laquelle a déclaré, dans son
article 6, ajouter à la loi du 24 juillet 1867 un article
69, voté d'ailleurs sans la moindre discussion, et
ainsi conçu : « Il pourra être consenti hypothèque
au nom de toute société commerciale en vertu des
pouvoirs résultant de son acte de formation même

1. V. *Suprà*, p. 132.
2. Cette réclamation, observe encore M. Claussel de Coussergues dans son rapport, se comprenait d'autant mieux que, pour
toute autre matière, les actes de société, délibérations, etc.,
même sous seing privé, sont admis comme donnant garantie
suffisante.

sous seing privé, ou des délibérations ou autorisations constatées dans les formes réglées par ledit acte. L'acte d'hypothèque sera passé en la forme authentique, conformément à l'article 2127 ».

Dans une certaine mesure donc, cet article est venu déroger aux conséquences qu'il y avait lieu de déduire de la nécessité d'un acte notarié pour la constitution d'une hypothèque conventionnelle. Il importe de préciser l'étendue de cette dérogation.

Une première observation s'impose sur ce point, c'est que, si l'article 69 ajouté à la loi de 1867 par la législation de 1893 concerne toutes les sociétés commerciales sans exception, c'est-à-dire même celles qui ne sont point par actions, elle n'écarte la nécessité d'un acte notarié qu'à l'égard des autorisations ou procurations à l'effet d'hypothéquer, mais nullement à l'égard de la constitution d'hypothèque elle-même : le texte prend soin de le dire expressément.

Il va de soi, d'ailleurs, qu'en n'exigeant plus l'authenticité pour les délibérations conférant le pouvoir d'hypothéquer, elle sanctionne, *a fortiori*, la solution déjà consacrée par la cour suprême d'après laquelle cette authenticité n'est point requise pour le mandat de participer à ces délibérations (1).

La disposition précitée de la loi du 1er avril 1893

1. Lyon-Caen et Renault, t. III, appendice n. 55 ; Bouvier-Bangillon, p. 184.

est-elle applicable même aux sociétés commerciales fondées avant cette date ? L'affirmative ne paraît pas contestable, en tant du moins qu'il s'agit de constitutions d'hypothèque consenties postérieurement, car, en pareil cas, aucun droit acquis ne peut être invoqué (1).

Mais il en serait autrement, bien entendu, si la constitution d'hypothèque n'avait été opérée que depuis la loi nouvelle. Les expressions mêmes employés par l'article 69 sont, du reste, des plus concluantes à cet égard : « Il *pourra*, dit-il, être consenti hypothèque, etc. » (2).

Il est bien certain, d'un autre côté, que l'innovation de la loi du 1ᵉʳ avril 1893 est complètement étrangère aux sociétés civiles (3). Ces dernières

1. Baudry-Lacantinerie et de Loynes, t. II, s. 1415 ; Houpin, t. I, n. 550 ; Bouvier-Bangillon, p. 184 ; Perrin, *Loi du 1ᵉʳ août 1893*, p. 27.

2. Bouvier-Bangillon, p. 185. Cpr., l'arrêt de Cassation précité du 29 janvier 1893 lequel a été rendu dans une espèce née avant le 1ᵉʳ août 1893.

5. Quelles sociétés sont civiles ? Pour résoudre cette difficulté, on n'avait autrefois qu'à se préoccuper de l'objet de la société. Depuis la loi du 1ᵉʳ août 1893, il faut, en outre, tenir compte de la forme adoptée par la société, cette loi ayant déclaré commerciale « quel que soit leur objet, les sociétés en commandites ou anonymes ». La question de savoir si cette dernière disposition s'applique aux sociétés en commandite simple est toutefois controversée. V. pour l'affirmative, Bouvier-Bangillon, p. 27 ; Houpin, t. I, n 202 ; Perrin, p. 25 et 26 ; et, pour la négative, Lyon-Caen et Renault, t. II, *appendice* n. 51 ; Faure, *loi du 1ᵉʳ août 1893*, p. 142 et 145.

demeurent expressément soumises aux règles posées par la jurisprudence antérieurement à la loi du 1ᵉʳ avril 1893, jurisprudence qui se trouve *a contrario* consacrée par cette loi.

Il en résulte notamment que les délibérations de ces sociétés ne peuvent avoir lieu que devant notaire (1), si elles ont pour objet de conférer à leurs représentants le pouvoir d'hypothéquer. Mais faut-il, en outre, que les procurations données par les associés afin d'assister à ces délibérations soient elles-mêmes dressées en la forme authentique ? Non sans doute (2), si l'on admet avec la jurisprudence (3) que les sociétés civiles sont, elles aussi, des personnes morales, puisque c'est alors la société seule, comme personne morale, qui confère hypothèque, et non pas ses membres ; mais la conclusion inverse (4) s'impose dans l'opinion contraire qui triomphe généralement en doctrine (5).

1. A moins d'être déposées ensuite au rang de ses minutes. V. *suprà*. p. 156, note 2.

2. Baudry-Lacantinerie et de Loynes, t. II, n. 1415. V. aussi Trib., Seine, 19 janvier 1886, *Journ. conser. hyp.*. 1886, p. 77.

3. V. notamment Cass., 25 février 1891, S. 92. 1, 75 ; D. P. 91. 1, 557.

4. Labbé note dans S. 86, 1. 146.

5 Pont, *Sociétés*. t. I. n. 126 ; Aubry et Rau. t. VI. § 577. note 16 ; Demangeat et Bravard. t. I, p. 70 ; Boistel. n. 163 ; Lyon-Caen et Renault. t. II, n. 125 et suiv.

Section **V**. — Hypothèque des fonds do commerce.

Il n'est pas douteux qu'à la différence de l'ancien droit où les offices et les « fonds de boutique » étaient généralement considérés comme des immeubles fictifs (1), les fonds de commerce sont aujourd'hui des meubles ; aussi tout le monde était-il d'accord, avant la loi des 1er-3 mars 1898, pour les déclarer non susceptibles d'hypothèque (2).

Mais ne pouvaient-ils pas tout au moins être donnés en gage ? La difficulté était de remplir à leur égard la condition de la mise en possession du créancier gagiste. Pratiquement, la dépossession effective du commerçant et la remise de son fonds aux mains de ce créancier était impossible, car le commerçant qui a besoin d'argent pour ses affaires, entend tout naturellement continuer à rester à la tête de son exploitation.

La jurisprudence avait bien trouvé un moyen de parer à cette impossibilité. C'était d'envisager un fonds de commerce comme un meuble incorporel, les éléments essentiels dont il se compose, c'est-à-dire

1. Pothier, *Traité des choses*, art. 2, § 2 et *Traité de la communauté* n. 91 : Ferrières sur l'article 95 de la *Coutume de Paris*.
2. Lyon-Caen et Renault, *Traité*, t. III, n. 241 ; Lébre, *Traité des fonds de commerce*, n. 7.

l'achalandage et la clientèle, ou, dans certains cas, le droit au bail (1), étant eux-mêmes incorporels. Or lorsque la chose donnée en gage est incorporelle, pour opérer la constitution du nantissement et la création du privilège, il faut mais il suffit : 1° que le créancier gagiste ait signifié l'acte de nantissement au débiteur de la chose engagée ; 2° que celui qui constitue le gage ait remis au créancier gagiste le titre établissant son droit sur la chose engagée. On se contentera donc, pour la validité du nantissement d'un fonds de commerce, de requérir la remise des titres du débiteur et la signification, dans la mesure où il est d'ailleurs possible de les requérir. Comme il ne saurait être question d'une remise de titre et d'une signification ni pour l'achalandage et la clientèle, ni pour les marchandises, ni pour le matériel, il en résulte qu'à supposer d'ailleurs que le fonds comprenne le droit au bail, le nantissement de ce fonds sera valable aux seules conditions suivantes : 1° que l'acte de nantissement soit notifié au propriétaire locateur, considéré à ce point de vue comme débiteur, à raison de son obligation de faire jouir le locataire ; 2° qu'il y ait remise entre les mains du créancier gagiste non pas même de la grosse ou de l'original du contrat de bail mais simplement d'une expédition authentique (2).

1. Cass. 13 mars 1888, S. 88.1.302 ; D. P. 89,1,351. 88,1, 351.

2. Cass. 13 mars 1888 précité, *Trib. comm. Seine*, 15 janvier

Cette doctrine dont nous n'avons pas à discuter le mérite juridique (1), avait, en fait, un défaut capital : c'était que le nantissement d'un fonds de commerce se trouvait opposable aux tiers sans que ces derniers aient pu connaître son existence, puisque rien extérieurement ne le révélait, le commerçant qui l'avait constitué demeurant toujours en possession. Il y avait, dans cette absence de publicité, un tel danger que certains tribunaux consulaires, et en particulier celui de la Seine, résistèrent à la jurisprudence précitée et déclarèrent nul le nantissement du fonds de commerce sans dessaisissement effectif de la part de l'emprunteur (2), et même avec dessaisissement (3).

Le législateur s'émut de ces décisions, car il y avait un intérêt véritable à rendre pratique le nantissement d'un fonds de commerce : « N'était-il pas utile qu'un commerçant, en une heure de crise, pût trouver un moyen de crédit, un moyen de salut peut-être, dans l'engagement de son fonds de com-

1895, Paris 26 février 1895, Lyon, 14 mars 1895, Paris, 4 janvier 1896, S. 97.2.89. V. toutefois, Trib. comm. Seine, 24 août 1895, 4 avril 1894, 26 février 1895, S. 97.2.89.

1. V. à cet égard Fauchille, *Ann. de droit comm.* 1888, jurisp. p. 171 ; Thaller, *Annales de droit comm.* 1889, doctrine p. 221, et *Traité de droit commercial*, n. 902 ; Magnier et Pruvost, *Du nantissement constitué sur les fonds de commerce ;* Wahl, note dans S. 97.2.89.

2. Trib. St-Etienne, 10 janvier 1894, S. 97.2.95.

3. Trib. comm. Seine, 18 janvier 1896, S. 97.2.96.

merce ? Et était-il donc possible d'arriver à ce résultat qu'il donnât à ses prêteurs une garantie solide, sans que, cependant, les tiers fussent victimes d'un engagement occulte ? » C'est ce qu'a essayé de faire la loi du 1ᵉʳ mars 1898, en organisant une publicité spéciale à l'effet d'avertir ces tiers ; son article unique dispose en effet : « L'article 2075 du Code civil est ainsi complété : Tout nantissement d'un fonds de commerce devra, à peine de nullité vis-à-vis des tiers, être inscrit sur un registre public tenu au greffe du tribunal de commerce dans le ressort duquel le fonds est exploité ».

Il a d'ailleurs été formellement expliqué par M. Thézard, au cours des travaux préparatoires de cette loi (1), que cette condition de publicité est désormais suffisante à elle seule pour la validité de l'opération. Il n'est plus besoin désormais, ni de remise de titres ni de signification au débiteur : cette signification était illusoire, dit le savant juriste; elle n'ajoutait rien à la sauvegarde des intérêts qu'il s'agit de protéger. Mais « la portée de la disposition nouvelle va plus loin encore ; elle supprime aussi nécessairement, en matière de nantissement de fonds de commerce, l'application de l'article 2076, c'est-à-dire la mise de l'objet en possession du créancier ou d'un tiers. Cette mise en possession est en réalité incom-

1. Rapport au Sénat, *Journ. off.*, doc. parlem. de février 1898 p. 809).

patible avec la nature des fonds de commerce ».

Que conclure de là, sinon que nous sommes ici en présence d'une hypothèque ? La différence essentielle entre le gage et l'hypothèque, c'est en effet, que dans le gage, le créancier doit être mis en possession de l'objet sur lequel porte sa garantie tandis que cette condition n'est pas requise pour l'hypothèque. Les auteurs de la loi de 1898 ont donc eu tort de parler de « nantissement » d'un fonds de commerce ; c'est « hypothèque » qu'ils auraient dû dire (1).

S'il en est ainsi, nous voyons apparaître une nouvelle dérogation à la règle d'après laquelle un acte notarié est nécessaire pour la validité du contrat hypothécaire. Nul doute, en effet, que la disposition de l'article 2127 doit être restreinte aux hypothèques immobilières, les seules qu'aient admises les auteurs du Code civil.

1. Planiol, t. 1, n. 109.

Section VI. — Des warrants agricoles.

Les warrants agricoles ont été créés par la loi toute récente du 18 juillet 1898 Cette loi a voulu organiser pratiquement le crédit mobilier agricole. Avant elle, les agriculteurs ne pouvaient guére emprunter, en effet, sur les produits de leur exploitation. Plusieurs raisons s'y opposaient, dont nous n'avons, à notre point de vue, qu'à retenir une seule : c'était ici encore, puisqu'il s'agit de meubles et que le gage était seul possible, l'impossibilité de constituer un nantissement sur des biens mobiliers sans les remettre en la possession réelle et effective du créancier.

La loi du 18 juillet 1898 a fait disparaître cette impossibilité en permettant la création de « warrants sans déplacement des produits warrantés ». Désormais, aux termes mêmes de son article Ier, et sous diverses conditions qu'elle indique, « tout agriculteur peut emprunter sur les produits agricoles ou industriels provenant de son exploitation, et en conservant la garde de ceux-ci dans les bâtiments ou sur les terres de cette exploitation ».

On a paru soutenir que l'opération juridique, prévue par ce texte, n'est pas autre chose qu'une constitution d'hypothèque, puisque les biens, affectés à la garantie du créancier restent en la possession du débiteur (1). L'article 2127 n'étant pas alors applicable, il y aurait encore ici un cas exceptionnel où une hypothèque conventionnelle peut se constituer par acte sous seing privé.

Mais les travaux préparatoires et le texte même de la loi nouvelle démontrent péremptoirement que, si matériellement le débiteur détient les produits warrantés, il n'en a point cependant la possession juridique.

Cette possession appartient au créancier, le débiteur ne fait que posséder pour le compte de ce dernier, à titre de dépositaire. Voici spécialement ce qu'a dit, à cet égard, M. Chastenet dans son rapport à la Chambre des députés (2). « Il s'est opéré une sorte de tradition *brevi manu* ou quasi-tradition des produits warrantés eux-mêmes, de telle sorte que le propriétaire de ces produits se trouvera détenir sa propre chose pour le compte du créancier gagiste et à *titre de dépositaire*, avec toutes les conséquences de droit qui en découlent ». Et l'art. 13 de la loi a immédiatement appliqué cette idée, au point de vue de la responsabilité pénale, en considérant comme coupable d'actes de confiance « tout agriculteur con-

1. Planiol, t. 1, n. 169.
2. *Journ. off.*, doc. parlem., de mars 1898. p. 297.

vaincu d'avoir détourné, dissipé ou volontairement détérioré au préjudice de son créancier le gage de celui-ci ». Ce n'est point une hypothèque mobilière, mais simplement un gage soumis à des règles spéciales, qu'a consacré la loi du 18 juillet 1898. Il ne ne saurait donc être ici question d'exception au principe d'après lequel un acte notarié est nécessaire pour la validité du contrat hypothécaire.

CHAPITRE III

Si l'on se reporte aux indications fournies *supra* p. 12 et suiv. sur l'introduction, dans l'ancien Droit, du principe de l'authenticité en matière de conventions d'hypothèque, on constatera aisément qu'en dehors des raisons purement historiques, nos vieux auteurs avaient cherché à légitimer ce principe de deux façons différentes, les uns en disant qu'il avait pour but de prévenir les antidates toujours possibles avec les simples actes sous seing privé, les autres en partant de cette idée que, par suite de la nature spéciale des droits qu'elle conférait à son titulaire, l'hypothèque ne pouvait naître que d'un acte muni du sceau de l'autorité publique.

Ces deux explications ont été reproduites de nos jours pour justifier la règle de l'article 2127 C. civ.

Quelques commentateurs de cet article (1) l'ont

1. Taulier, t. VII, p. 259 ; Mourlon, *Répétitions écrites*, t. III, p. 171. — V. aussi les observations de la cour d'Angers et de la Faculté de Caen lors de l'enquête, de 1841.

déclaré inspiré, comme autrefois déjà la constitution de Léon de l'année 469, par la pensée d'empêcher les fraudes auxquelles se prêtent si aisément, au point de vue de la date, les actes sous seing privé. Mais cette première explication est manifestement erronée pour un double motif : le premier, c'est qu'il n'est pas besoin d'un acte authentique pour assurer date certaine au contrat : la formalité de l'enregistrement eut suffi à cet égard : le second, c'est qu'à moins de circonstances exceptionnelles telles par exemple que le cas prévu par l'article 446 C. civ., l'antidate de l'acte générateur d'hypothèque serait sans inconvénient, puisque notre législation, à la différence du droit romain et de notre ancienne législation, ne fait plus dépendre le rang des créanciers hypothécaires de la date du contrat (1).

D'autres auteurs (2), reprenant l'idée de Pothier, ont déclaré que, si un acte notarié est exigé pour la validité du contrat hypothécaire par l'article 2127, c'est parce que « toutes les hypothèques et l'hypothèque conventionnelle elle-même comme les autres, ont une cause commune qui est la loi d'où elles procèdent, soit directement soit d'une manière inédite ». Mais cette raison qui pouvait avoir sa valeur à l'époque de Pothier, a cessé d'être exacte. Il n'y a

1. Mais de la date de l'inscription. Pont, t. II, n. 655 ; Gillard, n. 61 ; Laurent, t. XXX. n. 429
2. Pont, t. II, n. 655.

plus de liaison aujourd'hui entre la force hypothécaire et la force exécutoire : un créancier simplement chirographaire a le droit de procéder à l'expropriation des biens de son débiteur pourvu qu'il ait un titre exécutoire.

Cette seconde explication ne vaut donc pas mieux que la première.

Faut-il en conclure que, si les auteurs du Code civil ont consacré la règle de notre article 2127, c'est parce qu'ils l'ont trouvée soit dans notre ancien droit soit dans la législation intermédiaire, mais que cette règle a perdu aujourd'hui toute sa raison d'être ? C'est ce que soutiennent, en effet, certains auteurs (1).

En vain, disent-ils, objecterait-on que la présence du notaire est utile pour avertir le constituant des graves conséquences et des dangers de l'hypothèque, et le mettre à l'abri des surprises et des entrainements dont il pourrait être la victime. A la rigueur, répondent-ils, ce motif serait acceptable s'il n'y avait que les personnes prodigues ou d'esprit faible qui consentissent des hypothèques. Mais ce n'est pas là le cas habituel, c'est même l'exception, et, s'il était démontré que l'article·2127 a été écrit pour protéger le constituant, on pourrait à bon droit reprocher au législateur d'avoir dépassé la mesure

1. Gillard, n. 65. et suiv. ; Chauveau, *Essai sur la mobilisation foncière*.

en imposant une sorte de tutelle à l'homme prudent
et diligent qui veut donner une garantie hypothécaire
à un créancier (1).

En vain encore, ajoutent ces auteurs, dirait-on
que l'authenticité est nécessaire pour soustraire à
toute contestation d'écriture un acte qui doit servir
de fondement à une inscription sur des registres publics et pour empêcher, en outre, les procès en dénégation de signature qui pourraient ensuite se produire
au cours de l'ordre. Ils écartent cette objection (2)
en ripostant qu'il suffit d'exiger du créancier, quand
il se présente chez le conservateur pour requérir
l'inscription, une pièce établissant la sincérité de la
signature du débiteur. C'est ce qui a fait le Code civil
italien de 1865, en reconnaissant, d'une part, l'hypothèque par acte sous seing privé (art. 1978), mais en
déclarant, de l'autre, que l'inscription n'est possible
que si la signature du débiteur a été certifiée par un
notaire ou reconnue en justice (art. 1989). Même
disposition dans le Code civil de la Louisiane
de 1825 : l'article 3272 de ce code autorise la constitution d'hypothèque par acte sous seing privé,
mais l'article 3331 requiert pour l'inscription une
copie notariée de l'acte constitutif, à moins que le
conservateur ne connaisse la signature des parties.

1. Gillard, n. 58 ; Coin-Delisle, *Gazette des Tribunaux*,
10 février 1855 ; Merville, *Rec. prat.*, 1856, t. II, p. 100.
2. Gillard, n. 62.

Il en est de même encore de la loi tunisienne du 12 juillet 1885 : si l'article 250 de cette loi dispose que les hypothèques volontaires peuvent s'établir par un écrit sous seing privé, l'article 354 ajoute : « Si le conservateur a des doutes sur la sincérité des signatures apposées au bas d'un acte présenté à l'inscription ou sur l'identité de la personne qui requiert, il procédera à une inscription provisoire et imposera au requérant un délai de huitaine augmenté du délai de distance pour faire légaliser les signatures et justifier de son identité ».

Aucune bonne raison, concluent les partisans de cette opinion, ne peut être invoquée pour obliger les parties qui veulent constituer une hypothèque, à faire nécessairement les frais d'un acte aussi couteux qu'un acte notarié. Il n'y a donc qu'à supprimer la règle impérative de l'article 2127 : l'acte notarié cessera d'être obligatoire pour devenir simplement facultatif. Et ainsi disparaitra l'une des plus singulières anomalies de notre législation. N'est-il pas pour le moins singulier, en effet, qu'il soit permis aujourd'hui de vendre un immeuble ou de le grever de servitude par acte sous seing privé, tandis qu'il faut un acte authentique pour l'hypothéquer ? (1)

Quant à nous, nous estimons, au contraire, qu'à

1. Chauveau, *Essai sur la mobilisation de la propriété foncière*, Gillard, n. 65. V. aussi les observations des cours de Nancy et de Reims, doc. hyp. t. I. n. 53 à 58 et 80.

défaut des motifs anciennement donnés pour l'expliquer, la solennité requise pour la validité du contrat d'hypothèque trouve encore aujourd'hui son fondement dans les considérations les plus sérieuses et que sa suppression aurait, en conséquence, les plus graves inconvénients.

Nous pourrions, tout d'abord, à cet égard, montrer combien les avantages ordinaires de l'acte notarié sur l'acte sous seing privé sont particulièrement appréciables en notre matière. Pourquoi habituellement recourt-on au notaire ? C'est tout d'abord, sans parler des risques de perte de l'acte contre lesquels on se prémunit ainsi, et si l'on se place au point de vue spécial du créancier, à l'effet de permettre à ce dernier d'avoir un titre exécutoire et de ne pas être obligé de subir les lenteurs d'un jugement à obtenir. C'est, en outre (et ici l'intérêt est le même pour les deux parties), afin que l'acte constatant les conventions intervenues soit rédigé de manière à prévenir, si possible, toute difficulté ultérieure. S'il est en effet une vérité d'expérience, observe MM. Championnière et Rigaud, c'est « que les actes sous seing privé sont la source la plus féconde des procès. Les parties jettent le germe assuré d'une contestation lorsqu'elles entreprennent de rédiger elles mêmes leurs conventions. C'est un talent rare que celui d'une rédaction claire et prévoyante ; il ne peut appartenir qu'à un esprit droit, versé dans la connaissance des affaires et de la loi, éclairé surtout par une longue pratique ; on le rencontre rarement ailleurs que chez un notaire instruit » (1) Or, on voit de suite, sans qu'il y ait besoin d'insister, la force spéciale qu'acquièrent ces raisons lorsqu'il s'agit de conventions d'hypothèque. La première surtout, à savoir l'intérêt qu'il y a pour le créancier à posséder d'ores et déjà un titre exécutoire dont il serait plus tard astreint à faire lui-même les frais, est de telle nature que, sans aucun doute, les créanciers exigeraient toujours, en fait, la rédaction d'un acte notarié, à supposer que cette rédaction fut légalement facultative.

Mais des motifs plus topiques peuvent être mis en avant pour justifier la règle de l'article 2127, les uns qui n'ont peut-être qu'un caractère transitoire, les autres, au contraire, dont l'influence doit se faire sentir d'un façon permanente.

Parmi les premiers, on peut citer d'abord celui que signale M. Colmet de Santerre (2) en ces termes : « Contraindre les parties à faire une convention par devant notaire, c'était les obliger à recourir à ce conseil, c'était les protéger contre leur propre ignorance et en même temps défendre la nouvelle législation contre les récriminations qu'elle aurait justifiées si

1. *Traité d'enregistrement*, n. 22, 100, 1639 et 1640.
2. Colmet de Santerre, t. IX, n. 94 *bis*, II.

dans les premiers temps de son application elle avait
donné lieu à trop de surprises et d'annulations. Il ne
faut pas oublier, en effet, que le système hypothécaire
consacré par le Code civil était profondément diffé-
rent, sur beaucoup de points, de la législation de
l'ancien droit auquel il succédait presque sans inter-
ruption ; il s'inspirait de la loi toute récente du 11
brumaire an VII dont les dispositions étaient encore
assez peu connues. Dans de telles conditions, n'y
aurait-il pas eu des inconvénients graves à permettre
aux parties d'être « les ministres de leur propre volonté ? » N'était-il pas à redouter « qu'elles ne se ren-
dissent pas un compte exact de la règle de la spécialité et de ses conséquences ? Elles étaient exposées
ainsi à commettre des erreurs ; elles n'auraient pas
respecté les prescriptions de la loi et beaucoup de
constitutions d'hypothèque auraient été frappées de
nullité » (1). Encore une fois, ce motif n'a peut-être
qu'un intérêt transitoire ; il est vrai cependant encore aujourd'hui, car notre législation hypothécaire
demeure ignorée d'un grand nombre de personnes (2).

Les défectuosités de cette législation sont une
seconde raison, transitoire elle aussi, du moins
espérons-le, d'exiger un acte notarié pour la constitu-

1. Baudry-Lacantinerie et de Loynes, t. II, n. 1401.
2. Baudry-Lacantinerie et de Loynes, t. II, n. 1406 ; Laurent, t. XXX, n. 428.

tion d'hypothèque. « Dans l'état actuel de nos lois, a-t-on dit très justement, la difficulté pour le créancier de vérifier le droit de propriété du constituant nécessite le concours du notaire qui, connaissant d'ordinaire ses clients et leurs biens, peut seul reconstituer sérieusement une origine de propriété ». Cette observation est d'une importance capitale. Les partisans de l'opinion que nous constatons sont les premiers à le reconnaître ; aussi avouent-ils [1] que « la constitution de l'hypothèque par acte privé présuppose la consolidation de la propriété et la détermination exacte des charges qui la grèvent. Ce n'est qu'à cette double condition qu'elle pourra donner les bons résultats qu'on est en droit d'en attendre ».

Si nous passons maintenant aux considérations d'ordre permanent qui nous paraissent réquérir l'intervention obligatoire du notaire pour le contrat d'hypothèque, nous n'aurons en premier lieu qu'à répéter, avec de nombreux arrêts [2], que cette intervention est commandée par la nécessité de protéger le débiteur. Ce dernier se trouve, en effet, à raison des besoins d'argent qui le pressent, ne plus avoir sa liberté complète, il est à la merci du capitaliste

1. Gillard. p. 80, note 1.

2. Cass., 7 février 1854. Pand. fr. chr. III. 1, 246, S. 54, 1, 522 ; D. P. 54. 1. 49 : Cass., 12 novembre 1855, S. 56. 1, 254 : D. P. 55, 1. 455 ; Cass., 19 janvier 1864. S. 64. 1. 221 : D. P. 64. 1. 292 ; Colmet de Santerre, t. IX, n. 94 *bis* IV : Baudry-Lacantinerie et de Loynes. t. II, n. 1406.

qui lui promet les fonds, et dans l'impossibilité
absolue de résister à ses exigences. Non seulement
il lui donnera une hypothèque, mais encore il la lui
donnera sur beaucoup plus de biens qu'il n'est
nécessaire pour assurer effectivement sa garantie (1).
Il le fera d'autant plus aisément qu'il ne se rend pas
exactement compte des conséquences graves auxquelles l'expose l'acte qu'il consent ; ce n'est pas
immédiatement, en effet, qu'il souffrira de ces conséquences ; c'est seulement à l'échéance de l'obligation. N'aura-t-il pas d'ailleurs, du moins le croit-il,
les moyens de se mettre en mesure, d'ici cette époque, de satisfaire au paiement de cette obligation !
On sait combien tous ceux qui empruntent sont
prêts à s'illusionner sur ce point. Il est donc indispensable qu'à tous ces égards, un officier ministé-

1. C'est donc très sagement que l'article 2129 exige que la
désignation des biens hypothéqués ait lieu par acte authentique. Nous ne pouvons, par suite, que nous associer aux criti-
ques dirigées par M. de Loynes (*Rev. crit. de législ. et de jurispr.*
1897, p. 571) contre l'article 17 du projet de loi sur la
réforme hypothécaire déposé au nom du Gouvernement par
le ministre de la justice sur le bureau du Sénat dans la séance
du 27 octobre 1896. Cet article 17 abroge, en effet, l'article
2129 précité. — Quelques mois auparavant, le 23 juin 1896,
MM. Thézard et Brunet, sénateurs, avaient, au contraire,
déposé un projet dont l'article 1er était ainsi conçu : « Tous
actes portant constitution d'hypothèque, devront, à peine
d'une amende de 100 fr. contre l'officier public, contenir l'indication des articles du rôle de la contribution foncière relatifs
aux immeubles sur lesquels sera établie l'hypothèque ».

riel soit là, au moment où il contracte, pour éveiller son attention et l'éclairer sur les dangers auxquels il s'expose.

Et qu'on ne prétende point que l'état d'esprit du débiteur, tel que nous venons de le décrire, ne se produit que chez quelques-uns, la réalité de tous les jours nous prouve, au contraire, que c'est la règle.

Qu'on ne nous oppose pas davantage l'exemple de la vente qui, bien qu'elle aussi d'une gravité exceptionnelle, peut cependant se faire par acte sous seing privé. On pourrait très bien soutenir tout d'abord, en effet, que le législateur du Code civil a eu gravement tort de ne point exiger que les aliénations aient lieu, par acte authentique (1). Mais, en outre, il est facile d'observer que, sous un certain rapport, la constitution d'hypothèque est plus grave que la vente ; on sait ce qu'on fait lorsqu'on vend un immeuble, car l'effet de l'acte se produit instantanément : on est dépouillé aussitôt de sa propriété, et cette circontance est de nature à faire réfléchir. Au contraire, ainsi que nous le disions tout à l'heure, les effets pratiques de l'hypothèque ne doivent se faire sentir qu'à l'échéance, c'est-à-dire à une époque trop lointaine pour qu'on puisse dès à présent s'en émouvoir (2). Faut-il ajouter que si la

1. Besson, p. 164 ; Worms, *De la propriété consolidée*.
2. C'est ainsi que les auteurs suivant lesquels l'interdiction

loi a protégé le vendeur qui, sous le coup de nécessités urgentes, cède ses biens à vil prix, (art. 1674 C. civ.), il n'a organisé aucune mesure de protection au profit du débiteur qui donne hypothèque sur plus d'immeubles qu'il n'en serait nécessaire pour assurer le paiement de la créance : l'action en réduction des inscriptions excessives n'est pas en effet permise en matière d'hypothèques conventionnelles (art. 2161 C. civ.).

Une autre raison de la nécessité d'un acte notarié pour la convention d'hypothèque peut également être présentée ; celle-là n'intéresse plus spécialement le débiteur, mais les tiers. Voici comment la Cour d'Angers l'a exposée dans ses observations lors du projet de réforme hypothécaire de 1841 (1). « Le Code civil veut que la présence d'un officier public soit pour les tiers que peut léser l'hypothèque, une garantie de la bonne foi qui a présidé au contrat, et, autant que possible, de la numération effective des deniers » (2).

par le mari d'hypothéquer le fonds dotal même avec le consentement de la femme aurait été édictée, en droit romain, par la loi Julia *de fundo dotali*, expliquent que cette même loi permettait, au contraire, au mari d'aliéner avec ce consentement : « la femme assez clairvoyante pour mesurer les inconvénients d'une aliénation, était présumée trop légère pour apercevoir les dangers, non pas plus considérables mais plus lointains et plus dissimulés, de l'hypothèque ». Accarias, t. I, n. 514.

1. *Doc. sur la réforme hypoth.*, III, n. 489.

2. V. aussi Guillouard, t. II, n. 988.

Enfin, une dernière considération peut être invoquée pour légitimer la règle de l'article 2127 : c'est que, grâce à cette règle, les procès en dénégation d'écritures, inévitables avec les actes sous seing privé, ne seront pas à redouter [1]. La procédure d'ordre, déjà si longue, ne risquera pas d'être allongée encore par des procès de cette nature, en même temps que les registres des conservateurs ne seront point encombrés d'inscriptions requises en vertu d'actes dont la signature pourrait ensuite être déniée.

C'est ce dernier motif qui paraît avoir surtout déterminé les auteurs de la loi belge de 1851 à maintenir la règle de l'article 2127. On lit en effet dans le rapport de la Commission spéciale chargée de préparer cette loi : « Les placements sur hypothèques doivent présenter une entière sécurité, et, en aucun cas, leur sort ne doit dépendre de la simple dénégation d'une signature. Ce but ne serait atteint qu'à demi si l'hypothèque pouvait être consentie par des actes sous seing privé » [2].

La plupart des législations étrangères ont, du reste, comme la Belgique, admis le principe de la solennité du contrat hypothécaire ; il suffit de citer le Code civil haïtien de 1825 art. 1894, le Code civil

---

1. Observations précités de la Cour d'Angers. Labbé, note dans S. 81. 1. 441 ; Baudry-Lacantinerie et de Loynes. t. II. n. 1406 ; Guillouard, t. III, n. 988.

2. Cpr. Laurent, t. XXX n. 450.

hollandais du 1er octobre 1838 art. 1417, les Codes civils des cantons suisses de Genève art. 2127 et de Neufchâtel art 1727, la loi hypothécaire espagnole du 8 février 1862 art. 146,etc.. En dehors de l'Italie et de la Louisiane dont nous avons déjà parlé, on ne trouverait guère, comme faisant exception à ce principe, que la Bolivie (Code civil de 1843, art. 2155), le canton suisse du Valais (Code civil de 1855, art. 1890) et les provinces baltiques (Code baltique de 1864, art. 1389).

Le législateur français lui-même, lorsque l'occasion lui en a été donnée, n'a pas manqué de marquer son attachement à la règle consacrée par l'article 2127. Cette occasion s'est présentée deux fois, en 1855 et en 1889, lorsqu'il s'est agi de déterminer en quelle forme pourrait être consentie par la femme mariée la subrogation à son hypothèque légale. Chaque fois, des membres du Parlement, s'appuyant sur les motifs développés par nos adversaires, ont demandé qu'un acte sous seing privé fût suffisant, mais chaque fois un acte authentique a été exigé, pour les raisons mêmes que nous venons d'exposer (Loi du 23 mars 1855, art. 9, et loi du 13 février 1889).

Un argument en sens contraire ne pourrait être déduit de ce que dans les divers cas exceptionnels ci-dessus mentionnés un acte notarié n'est pas indispensable, car des six exceptions indiquées et dont d'ailleurs quelques-unes sont contestables, la troisième, la cinquième et la sixième ne concernent que des hypothèques mobilières, la première date du droit intermédiaire, et, comme la seconde du reste, remplace l'acte notarié par une autre espèce d'acte authentique ; quant à la quatrième, elle ne porte que sur l'une des conséquences de l'article 2127 dont la loi même qui l'institue, prend soin de consacrer à nouveau le principe. Reste la loi tunisienne du 12 juillet 1885 qui se contente en effet, d'actes sous seing privé, mais à cela il y a une excellente raison, c'est qu'en Tunisie il n'existe pas d'offices de notaires français [1].

1. Besson, p. 159.

VU :
Le Président de la thèse,
BOISTEL.

VU :
Le Doyen de la Faculté,
GLASSON

VU ET PERMIS D'IMPRIMER :
Le Vice-Recteur de l'Académie de Paris,
GRÉARD

TABLE DES MATIÈRES

Laval. — Imprimerie parisienne L. BARNÉOUD & Cⁱᵉ

www.ingramcontent.com/pod-product-compliance
Ingram Content Group UK Ltd.
Pitfield, Milton Keynes, MK11 3LW, UK
UKHW020255180726
13839UKWH00001B/323